3年間まるっとおまかせ！

中学校
学級レク
大事典

玉　　　　　　　　　宏

明治図書

レクリエーションを
学級づくりに
生かそう

岐阜聖徳学園大学　玉置　崇

1. 学級レクはクラスのまとまりをつくる手軽な手段

　「少しでも時間があれば，学級の生徒たちと一緒に過ごしたい」と思える学級担任ほど，幸せな人はいません。みなさんはどうでしょうか。

　生徒と一緒にいると心が落ち着くことを，「森林浴をしている」になぞらえて「子ども浴をしている」と表現した人がいます。生徒が放つ様々なエネルギーが，教師をより元気にするということです。

　担任がこのような気持ちになる学級は，生徒と教師の気持ちが一体となっていると言ってもよいでしょう。教師の投げかけに，生徒がごく自然にうなずいたり，同意の声を出したり，笑ったりする学級であり，どんな活動でも，誰1人として取り残すことがない学級になっていることでしょう。

　こうしたまとまりがある学級をつくり上げるための一手段に「学級レクリエーション」があります。

　ここで，学級レクリエーションの効用を3つあげてみます。

①コミュニケーション能力と協調性の向上

　レクリエーション活動には，話す，聞く，表現するなどの基本的なコミュニケーションスキルを使う場面が必ずあります。つまり，学級レクリエーションは，生徒たちが楽しみながらコミュニケーションスキルを学ぶとてもよ

い機会になるということです。

　また，学級レクリエーションには，チームワークが必要なアクティビティがたくさんあります。それらに取り組んでいるうちに，生徒たちは協力し合う大切さを体感することでしょう。

②学級のコミュニティと結束力を強化

　共通の目標に向かって協力するアクティビティは，生徒一人ひとりが学級コミュニティに所属するよさを実感し，学級でよりまとまろうという結束力をつくり出します。グループでの協働作業やその成功体験は，自ずと学級のまとまりを高めるものです。

③生徒の自己肯定感とリーダーシップの育成

　学級レクリエーションを通して，自分の役割を果たしたり，学級に貢献したりすることで，自己肯定感を高める生徒が多くいます。チームになって取り組むアクティビティでは，生徒にリーダーシップスキルを身につけさせたり，積極性やイニシアティブを発揮させたりする機会になります。

　こうした３つの効用から，健全で積極的な学級文化を築くうえで，学級レクリエーションが重要な活動だとわかっていただけると思います。

2.学級レクは生徒と生徒をつなぐ簡単な方法

　リクルートワークス研究所が発表した「マルチリレーション社会」という調査※に，「人とのつながりが人生を豊かにする」という結果がありました。それによると，交流のある人間関係の種類が多い人が感じる「幸福感」は84.3%，人とのつながりがあまりない人の「幸福感」は36.3%にとどまるとのことでした。これは学級の中においても当てはまることだと思います。「私はこの学級にいてもいいんだ」という安心感や，「みんなが私を認めてく

れているんだ」という幸福感は，他の人とのつながりがあってこそ得られるものです。

　学級担任にとっても，生徒たちがつながり，結びついている姿は心温まるものです。担任が生徒の様子を見ながらニコニコしていられる学級は，生徒同士が，さらには生徒と教師が，つながっているからこそつくられるものです。

　生徒たちが楽しみながら，時には教師も一緒になって学級レクリエーションを行うことで，こうした状況をつくり出すことができるのです。

3. 学級レクは学級力の向上を捉える一手法

　この書籍は，中学校の学級で楽しみながら取り組める105のレクリエーションを紹介しています。そして，その9割以上のレクリエーションは，教育学部で学ぶ大学生が提案したものです。それぞれが自分の中学校時代に体験して楽しかったレクリエーションを思い出したり，所属しているサークル活動等で行っている集団が盛り上がるレクリエーションを出し合ったりして，短時間でパッとできるものを厳選して紹介しました。

　学級レクリエーションを行う際に一番心がけるべきことは，短時間でパッと行うことです。時には，学級の雰囲気が重く感じることがあるでしょう。そうしたときに，全員で気軽に取り組め，楽しむことができるのがレクリエーションです。

　学級担任は，レクリエーションに取り組む生徒たちの様子から，きっと学級のまとまりを感じると思います。そのときはぜひ，「みんなで大声を上げて笑いながら楽しくレクリエーションに取り組める学級になってきましたね。いいですねぇ」と価値づけましょう。

※リクルートワークス研究所「次世代社会提言—マルチリレーション社会：個人と企業の豊かな関係—」
　https://www.works-i.com/project/nextgeneration.html

みんなの名前を覚えよう！
「隣の○○です」ゲーム

時間	10分	準備物 なし

ねらい

　順番に増えていく友だちの名前を覚える活動を通して，お互いの名前に親しみ，自然に覚えられるようにする。

1.ルールを理解する

今から「『隣の○○です』ゲーム」をします。8人グループをつくり，円になります。1人目は自分の名前を言います。2人目は，「○○さん（1人目の名前）」と言った後に「の隣の」と言って自分の名前を言います。3人目は，1人目，2人目の名前を言った後に「の隣の」と言って自分の名前を言います。これを8人目まで繰り返し，早く言い終えることができたグループが勝ちです。

2.本番を行う

では，実際にやってみましょう。

○○（1人目）です。

○○さんの隣の□□です。

○○さんの隣の□□さんの隣の△△さんの隣の…○○です！

 最後の1人まで間違えずに言うことはできましたか？
では，グループを変えてもう一度行いましょう。

 一人ひとりの顔を見ながら言うと名前を思い出すことができるよ！

 みんなの名前をたくさん覚えることができたよ！

 名前だけでなく，1年間で友だちのことをたくさん知りましょう。

伊藤さんの隣の
山田君の隣の…

＼ プラスα ／

　学級の実態に応じて，1グループの人数の調整をしたり，苗字を言う
だけにしたりすると，みんなが楽しむことができます。

　逆に，名前の後に好きな食べ物やスポーツ等をつけ加えることにする
と，難易度を上げることができます。

自己紹介を楽しもう！

友だちビンゴ①

 時間 **15分**

 準備物 ●マスが書かれた紙　●箱
●名前カード

　自己紹介とビンゴゲームをかけ合わせたゲームを通して，楽しみながら自分のことを話したり，友だちについて知ったりする。

1. ルールを理解する

　今から，ビンゴ用紙を配ります。まわりの友だちとお互いに自分の名前を紹介し合い，友だちの名前をマスに書いてください。時間は4分間です。すべてのマスを友だちの名前で埋めたら，席に着いてください。

2. 自己紹介をする

　自己紹介スタート！
　男子だけ，女子だけ，同じ小学校出身の人だけでなく，
　どんどん自己紹介をしましょう。

　はじめまして，私の名前は○○です。

　はじめまして，僕の名前は△△です。よろしくね！

3. ビンゴをする

 この箱には，みんなの名前が書かれたカードが入っています。先生が箱からカードを引くので，その友だちの名前が自分のカードにあったら丸をつけましょう。自分の名前が引かれたら，みんなの前で好きなものなどについて自己紹介してください。
では引きます。○○さん！

 ○○さんの名前あった！

 あっ，私の名前だ。私の名前は○○です。
犬を飼っていて，動物が大好きです。
よろしくお願いします！

4. 繰り返し行う

 さて，ビンゴ達成した人はいますか？

 僕はリーチだ！

 やった，ビンゴだ！

> **うまくいくコツ**
> 全員がみんなの前で自己紹介できるように最後までカードを引く。

＼ プラスα ／

名前を書くマスの数を変えることによって，交流する人数を調節できます。最初に好きなものなどを交流しておき，マスに名前があった生徒の中から1人を指名して，他己紹介させてもよいでしょう。

共通点のある友だちを見つけよう！
友だちビンゴ②

時間	10分

準備物　●ビンゴのプリント

ねらい

　ペアを変えながら共通点を探す自己紹介を通して，友だちづくりのきっかけにする。

1.自己紹介ビンゴカードをつくる

今から「友だちビンゴ」をします。はじめに，自己紹介ビンゴカードをつくります。配付したプリントの各マスの中には，「入りたい部活」「兄弟姉妹」「趣味」「アウトドア派 or インドア派」「趣味」など，いろいろな項目が書いてありますね。それぞれの項目について，自分のことを書き入れてください。

入りたい部活は，バレー部。兄弟姉妹は，妹と兄…。

2.ゲームを行う

教室内を自由に動き，出会った人にあいさつをして，自己紹介カードを見せ合ってください。自分と同じことが書いてある人がいたら，その友だちの名前を書きましょう。5分間でどんどんペアを変えて，ビンゴカードを埋めていきましょう。

○○さんも，妹とお兄ちゃんがいるんだね。僕も同じだ！
何歳なの？

妹は10歳で，兄は16歳だよ。

えっ，妹も兄も同級生だよ！

本当に？　すごい偶然だね。

これからよろしくね！

どのペアも盛り上がっているね。
いろいろな人と自己紹介し合って，ビンゴカードを埋めていこう。

10歳　16歳

すごい、
年齢まで一緒だ！

＼ ポイント ／

ビンゴカードの項目を変えることによって，難易度が調整できます。

どんなふうに扱ってほしいかを伝え合おう！
自分のトリセツ

時間　10分

準備物　●紙
　　　　●ペン

ねらい

　自己紹介の中で自分をどう扱ってほしいかを説明する活動を通して，円滑な人間関係の下地をつくる。

1.ルールを理解する

今から自己紹介をします。少し変わった自己紹介です。「自分のトリセツ」をつくって，グループ内で自己紹介をしてもらいます。書くことはたったの2つ。「1　使い方（自分の特徴）」,「2　使う人にお願い」です。それぞれ紙に書いて，書けたらグループで自己紹介をします。

2.トリセツをつくる

「使い方」には「球技で大活躍します。いちごを与えると喜びます。はじめて会った人とはあまり上手に話せません」など，得意なことや苦手なこと，好きなものを書きます。
「使う人にお願い」には，「毎日1回ほめ言葉を与えてください。間違っても梅干を与えないでください。故障します」など，自分を扱ううえでの注意点を書きます。

3. グループで自己紹介をする

 グループになって，自分のトリセツを発表しましょう。必ず全員が紹介できるように，1人1つずつ紹介し，何周もできるようにしましょう。
自分のトリセツを楽しく紹介して，自分のことをよく知ってもらいましょう。また，グループのメンバーの意外な一面や好きなものを聞いて，友だちのこともよりよく知りましょう。

 朝に弱いので，気をつけて扱ってください。

国語が苦手なので，テスト前には教えてください。

間違っても梅干しを与えないでください。故障します。

＼ プラスα ／

すぐに書き終えてしまう生徒のために，自由に記述する欄や絵をかけるスペースを確保しておく。

友だちの名前は何文字？

あの子の名前で集まろう

| 時間 | 10分 | 準備物 | なし |

ねらい

名前の文字数の人数で集まり自己紹介をするゲームを通して，お互いの名前や好きなことなどについて知り，親近感を深める。

1. ルールを理解する

今から「あの子の名前で集まろう」をします。
先生がクラスにいる子の名前を言います。例えば，「はなこさん」と言います。そうしたら，「はなこ」さんは名前の文字数が3文字なので，みんなは3人ずつで集まります。集まったグループから，手をつないで座ります。名前を言われた人は，前に出て自己紹介をします。集まれなかった人も前に出て，自己紹介をします。このレクを通して，友だちのことをたくさん知りましょう。

2. ゲームを行う

では，実際にやってみましょう。
あの子の名前で集まろう！　「まき」さん！

まきさんだから2文字で，2人で集まればいいんだな。

だれかペアになって！

 （集まったら）では，まきさん，前に出てきて，自己紹介をしてください。

 はい。私の名前は山田まきです。
部活はバドミントン部に入ろうと思っています。
よろしくお願いします！

 （拍手）

 はい，ありがとう！
みんなまきさんのことを知ることができましたね。
先生が言わなくても拍手ができるなんてすばらしいね！
では，次。
あの子の名前で集まろう！ 「けんすけ」さん！

 けんすけだから…4文字だ！

 あと2人見つけないと！

＼ プラスα ／

　慣れてきたら，名前だけではなく，苗字も入れて行うと，難易度が上がります。

　同じ子とばかり集まることがないように教師が声をかけ，いろいろな子との交流の場にします。

仲間の共通点を探そう！

共通点神経衰弱

 時間　**10分**　 準備物　●紙　●ペン

 ねらい

クラスメイトの共通点を考える活動を通して，楽しみながら仲間のことを知る。

1.ルールを理解する

今から「共通点神経衰弱」をします。まず6人グループに分かれます。学級全員の名前を1枚に1人ずつ書き，そのカードを裏返して広げます。次に，じゃんけんで最初にカードをめくる人を決めます。最初の人はカードを2枚めくり，その2人の共通点を考えて答えます。答えが正しいかどうかは他の5人がジャッジします。5人中3人以上が合格だったら，共通点を答えた人は1ポイントゲットです。最終ポイントが一番多かった人が優勝です。

2.カードを準備する

それでは，まずカードを準備しましょう。
グループで協力して名前を書いていってください。

6人で分担して名前を書こう！

3.手本を見る

では，先生が1回お手本でやってみます。例えば，木下さんと林くんが出たとします。共通点は「名字の漢字に木が入っている」です。みなさんどうですか？

確かに！　OKだと思います。

こんな感じでみんなが共感できる共通点を探してください。

4.ゲームを行う

では，グループでやってみましょう。よーい，スタート！

難しいな…。
あっ，共通点は「2人とも○○小学校」！

そっか！　1ポイントゲットだね。

時間になりました。ゲーム終了です。グループ内で一番ポイントが多かったのはだれでしたか？　これからどんどんクラスメイトのことを知って，仲を深めていきましょう。

> ＼ プラスα ／
> グループ対抗にして，より多くの共通点を見つけたグループを優勝としてもよいでしょう。

みんなの名前を覚えよう！

名前鬼

 時間 **10分**　　 準備物 なし

ねらい

　一人ひとりの名前を呼びながら体を動かすことを通して，楽しく名前を覚え，緊張をほぐす。

1. ルールを理解する

 今から「名前鬼」をやります。グループで輪になり，両手を出します。円の中心に1人いる人が鬼で，名前を呼ばれた人の両手をタッチしに行きます。名前を呼ばれた人は，鬼にタッチされる前に他の人の名前を呼びます。次の人の名前を呼ぶ前にタッチされたら鬼と交代です。次の回はさっきまで鬼だった人から始めましょう。

2. 自己紹介をしてゲームを始める

 まずは自己紹介をしてお互いの名前を覚えましょう。

 私の名前は○○です。

 では，実際にやってみましょう。最初の鬼は，グループで出席番号が一番早い人にします。始めてください。

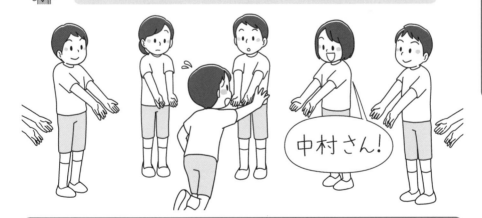

△△さん！

□□さん！

えーっと…。

タッチ！ 次の鬼は□□さんだね！

じゃあ，さっきまで鬼だった●●さんから始めよう。

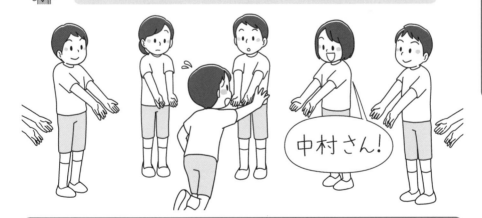
うまくいくコツ
最初は円を大きめに
して行う。

3.円を小さくする

今度は円を小さくしてやってみましょう。さっきより鬼との距離が
近いから難しいですよ。速いテンポで正確に名前を呼びましょう。

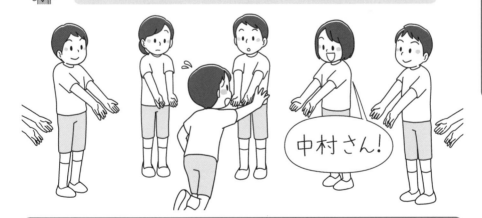

中村さん！

＼ プラスα ／

名前をフルネームにすると難易度がさらに上がります。

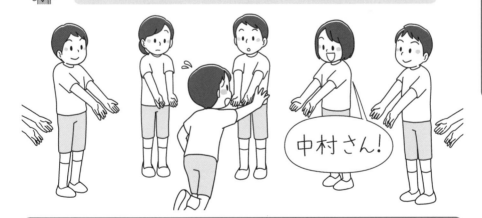
新しい友だちのことを知る（1年学級開き）

共通点を見つけよう！
名刺交換ゲーム

 時間 **15分**

 準備物　●事前につくった名刺

 ねらい

　自分の特徴を書いた名刺を使って自己紹介する活動を通して，お互いの共通点を知り，会話やコミュニケーションのきっかけをつくる。

1. ルールを理解する

> 先日，自分の特徴を5つ書いた名刺カードをつくってもらいました。今日は，その名刺を使って自己紹介を行い，友だちとの共通点を見つけましょう。制限時間内なら，名刺に書いてあること以外でも，共通点を探していいですよ。

2. ゲームを行う

> 持ち時間は1人に対して3分間です。
> 今回は，生活班でローテーションしながら進めます。
> 始める前のあいさつも忘れずに。
> では，スタート！

> お願いします！
> ○○さんは，好きな教科，理科なんだ！　同じだね。

うん。得意じゃないけど，実験が楽しいから好きなんだよね。

 理由まで同じだ！
ところで，○○さん，字が上手だけど，習字を習っていたの？

 よくわかったね。そうだよ。
あっ，△△君も習字を習ってたのか！

 みんな意外な共通点が見つかって盛り上がっていましたね。共通点はいくつくらい見つけられたかな？　今回話しきれなかったことは，休み時間に話してみてくださいね。

○○さんも
理科が
好きなんだ！

\　ポイント　/

　名刺に書いてある特徴に限定せず，積極的にコミュニケーションを図るように促します。

特徴をつかんで解き明かそう！

何かな？どこかな？クイズ

 時間 **15分**

 準備物 ●アンケートに基づくクイズ

 ねらい

　生徒が好きな行事や校内の好きな場所を題材にしたクイズを楽しむことを通して，新生活への期待を高める。

1. ルールを理解する

> 今から「何かな？どこかな？クイズ」をします。この間アンケートで，みんなに自分の好きな行事やお気に入りの場所の特徴を答えてもらいましたね。
> 今日は，それを基にしたクイズを行います。3つのヒントを手がかりにしながら，何のことか，どこのことなのかを解き明かしてください。

2. 練習を兼ねて1，2問行う

> では，実際にやってみましょう。ある場所のヒントを3つ出します。
> ヒントを基にして，ある場所はどこなのか解き明かそう！
> ヒント1つ目。全学年が使う教室です。
> ヒント2つ目。靴を脱いで入る教室です。
> ヒント3つ目。カーテンが閉まっている教室です。

はい，コンピューター室だと思います！

 おっ，他の教室だと思う人はいませんか？

 図書室だと思います！

 （まわりを確認してから）正解は…，コンピューター室です！

 そうか，言われてみれば，いつもカーテンが閉まっているね。

3．ジャンルを変えて続ける

 では，次のクイズは，ある行事です。
ヒント1つ目。全校生徒が参加します。

 ほとんどそうだよね。

 ヒント2つ目。クラスごとで練習します。
ヒント3つ目。金賞目指してがんばります。

 はい，合唱コンクールだと思います！

＼ プラスα ／

　クイズの出題を生徒が行ったり，グループ戦でポイント獲得制にしたりすると盛り上がります。

ペアでたくさんお話ししよう！
デートゲーム

時間	15分	準備物	なし

ねらい

　楽しくデートの申し込みをする設定で，たくさんの人と話すことを通して，お互いのことを深く知り合う。

1. ルールを理解する

 これから「デートゲーム」をします。まず，月曜日から日曜日まで，デートをしてくれる人を探してください。デートの約束は1日1人として，毎日，違う人とデートしましょう。男子同士，女子同士でももちろん構いません。

 月曜日空いてる？

 空いてるよ！　それじゃあ遊ぼう！

 土曜日の予定は決まった？

 ごめんね，もう予定が入っちゃったんだ。

 あー，残念。

> **うまくいくコツ**
> 自分から誘うのが苦手な生徒は教師が手伝ってあげる。

2. ペアとお話をする

 では，月曜日にデートする人とペアになって座ってください。
（ペアになったら）月曜日がやって来ました。今日の天気は晴れです！ 天気がよいので，2人で動物園に行きます。そこで話すお題は「私の趣味」です。それではスタート！

 最近は絵をかいているんだ！

 そうなんだ！ どんな絵？

 好きなアニメのキャラクターだよ。○○くんは？

 僕はサッカーを毎日練習しているよ！

3. 日曜日まで繰り返す

 そんな一面があったんだね！ 知らなかった。

 もっと詳しく教えて！

 今日はみんなのことをたくさん知ることができました。これをきっかけに，みんなとたくさんお話をして，仲良く過ごしていこう！

＼ プラスα ／
話すお題だけでなくペアで体を動かすあそびにしてもよいでしょう。

声出しはNG！
サイレント・ラインナップゲーム

 時間 10分　 準備物 なし

ねらい

多くの仲間と声を出さずに協力してミッションをクリアする活動を通して，お互いのことを知り合う。

1.ルールを理解する

今から「サイレント・ラインナップゲーム」をします。先生がお題を出します。そしてみんなで目標時間を決めます。例えば「誕生日順に並びましょう」と言ったら，声を出さずに，誕生日が早い1月生まれの人から1列になります。ジェスチャーやアイコンタクトでコミュニケーションを取りましょう。並び終えたら全員で「完成！」と大きい声で言い，その場で座ってください。目標時間以内で正しく並ぶことができたらミッションクリアです。

2.ゲームを行う

では，実際にやってみましょう。今回のお題は「誕生日順」です。何分あればみんなが並ぶことができるかな？

4分あれば並ぶことができると思う！

そうだね。それでは準備はいいですか？
よーい，スタート！

 （指を3本と5本で示して，「僕は3月5日生まれだよ」）

 （指を5本と3本で示して，「私は5月3日生まれだよ」）

 完成！

 時間は3分50秒でした！ それでは並んだ順に1人ずつ自分の誕生日を発表して，みんなで確認しましょう。

 あっ，○○さんは3月15日で，△△さんは3月6日だけど，後ろに並んでいるから間違いだ！

 本当だね，残念！
今度は違うお題でリベンジしようか。

 結構難しい。どうしたら正確にできるかみんなで話し合おう。

 次のお題に移る前に，どうしたら成功するか，
みんなで作戦を立ててみましょう。

＼ プラスα ／

この他にも「靴のサイズ」や「通学にかかる時間」などいろいろなバリエーションがあります。

友だちの意外な一面を知ろう！

みんなの人生すごろく

 時間 **20分**

 準備物 ●カード ●すごろくの台紙 ●さいころ

ねらい

　これまでに経験した印象的な出来事を基に交流する活動を通して，友だちの意外な一面を知り，仲を深める。

1.ルールを理解する

今から「みんなの人生すごろく」をします。このゲームは人生ゲームとすごろくを組み合わせたもので，今のみんなをゴールにして，みんなが体験した実話でつくるすごろくなので，みなさん自身でつくってもらいます。

2.すごろくをつくる

ゲームをするためにすごろくをつくるよ。今から配る○枚のカードはすごろくのマスになるので，今まで自分が経験した出来事といつの出来事か，必要ならそのマスに止まったときの動き方（動きは±2マスまで）を書いてください。

太郎4歳，道で転んで3針縫う。

3. ゲームを行う

では，実際にゲームをやります。今日は生活班でやってみましょう。さいころを振る順番を決めたら，一番目から順番にさいころを振り，出た数だけ進みます。

すごろくのルールと同じだね。

そうだね。でも1つだけ違うルールがあるからよく聞いてね。自分が止まったマスが友だちのつくったマスのときは，友だちにその出来事について質問しましょう。逆に，自分のつくったマスに止まった場合は，他の人から質問を受け，会話をしましょう。
制限時間内に今の自分（ゴール）に近づいた人が勝ちです。

2マス…。「太郎4歳，道で転んで3針縫う」。
あっ，太郎さんのマスだ。3針も縫う大けがなんて，何をしていたらそんなことになったの？

犬の散歩をしていたんだけど，一緒に走っていた犬が速過ぎて追いつけなくなって転んじゃった。

えー，どんな種類の犬だったの？

＼ プラスα ／

目指す将来の姿をゴールにしたすごろくにしても盛り上がります。

楽しみながら友だちのことを知ろう！

自己紹介何でもバスケット

 時間　15分　 準備物　●タイマー

ねらい

趣味や経験を交流し，仲間との共通点と相違点を知る活動を通して，お互いの理解を深める。

1.ルールを理解する

> 今から，「自己紹介何でもバスケット」をします。フルーツバスケットと同じルールです。先生がまず円の真ん中で「○年△組だった人！」と言うので，○年△組だった人はいすから立って動いてください。今度は座れなかった人が真ん中で「誕生日が8月の人！」「朝はパン派の人！」など大きな声でみんなが動きそうなテーマを言ってください。

2.練習を兼ねて2，3回行う

> では，実際にやってみましょう。1年3組だった人！1年3組だった人は，いすから立って移動して！

> あ〜，座れなかった…。

3. ルールを変えながら行う

 今度は「○○が好きな人」をテーマにしていきましょう。

 読書が好きな人！

 次は，制限時間1分だよ。1分経ったとき真ん中に立っている人に「30秒間自己紹介スピーチ」をしてもらいます。

 終了〜！　今真ん中にいる人は…？

 うわっ，でもみんなに私のこと知ってもらえてうれしい！

誕生日が5月の人！

＼ ポイント ／

テーマを決めるときは，より多くの生徒が移動するようなものを意識するとよいでしょう。

名前を覚えて仲良くなろう！
積み木式自己紹介

時間	10分	準備物	なし

ねらい

　数珠つなぎに自己紹介をする活動を通して，お互いの名前を早く覚え，仲良くなれるようにする。

1.ルールを理解する

 今から「積み木式自己紹介」をします。１人目が「元○組の○○です」と自己紹介したら，２人目は「元○組の○○さんの隣の，元△組の△△です」というように続けて自己紹介してね。

2.ゲームを行う

 まずみんなの顔が見られるように，班になって机を向かい合わせてね。ではやってみましょう！

 私は元○組の○○です。

 僕は元○組の○○さんの隣の，元△組の△△です。

 私は元○組の○○さんの隣の，元…，あれ，△△さんは元何組？

 △組だよ！

 あっ，そっか，ありがとう！

 助け合いながら取り組めていていいですね！

3. ルールを変えて取り組む

 みんなの顔と名前が覚えられたら，今度は好きなものを足して自己紹介してみましょう。

 私は猫が好きな●●です。

 僕は猫が好きな●●さんの隣の，テニスが好きな▲▲です。

 僕は猫が好きな●●さんの隣の，テニスが好きな▲▲さんの隣の，お寿司が好きな■■です。

 テーマを変えてどんどん続けていこう！

 はい！　他の子のこともももっと知りたいな。

> ＼ ポイント ／
>
> 　人数が多過ぎるとプレッシャーを感じてしまう生徒がいるため，4人程度のグループで行うのがポイントです。

絵やジェスチャーで伝えきろう！

誕生月ラインナップ

 時間　10分　準備物　●紙　●ペン

　ねらい

　絵やジェスチャーで自分の誕生月を伝える活動を通して，楽しみながら新しい友だちのことを知る。

1.ルールを理解する

今から「誕生月ラインナップ」をします。自分の誕生月を声を出さずに相手に伝えたり，相手の誕生月を絵やジェスチャーから予想したりするゲームです。数字を書いたり示したりするのはNGです。最後にグループ内で1月から数えて誕生月の早い順に並び順を考えて答え合わせをします。合っていたらクリアです。

2.教師の見本を見る

では，実際にやってみましょう。先生の誕生月が何月か当ててみてください。（絵やジェスチャーで表現する）

うまくいくコツ
教師がオーバーにジェスチャーすることで場の雰囲気を和らげる。

全然わかんない…。

冬っていうのはなんとなくわかった。

正解は2月でした！ みんなわかったかな？

3. ゲームを行う

 では，ここからが本番です。実際にやってみましょう。5人グループをつくります。3分で絵やジェスチャーを考えて，1人30秒ずつでグループのみんなに発表します。これを全員行ったら，次に並び順を考えてみましょう。

 絵を描くのは難しいな…。

 では，順に発表してください。

 ○○さんの誕生月，わかった！

 では，グループごとに答え合わせをします。

 やったー，当たってた！

 みんなうまく絵やジェスチャーを使って自分の誕生月を表現できていたね！ 自分が知らなかった友だちの誕生月も知れるいい機会になったと思います。

＼ プラスα ／

グループ内での発表だけで終わらず，最後に全体に向けて答え合わせをすることで，学級全体で誕生月を知ることができます。

新しい仲間の真実を見極めよう！

うそつき自己紹介

| 時間 | 10分 | 準備物 | なし |

うそを交えた自己紹介を通じて，聞く力や観察する力，質問する力を高めながら，お互いのことを知る。

1. ルールを理解する

今から「うそつき自己紹介」をします。みなさんは今からグループで自己紹介をします。話すことは，「名前」「誕生日」「好きな○○」「嫌いな○○」「最近はまっていること」の５つです。○○は自分で決めて話してください。ただし，５つの中で１つだけうそのことを言います。聞いている人たちはどれがうそか予想してください。自己紹介が終わったら質問タイムです。怪しいと思う内容を質問してみてください。

2. 自己紹介を考える

１つだけうそのことを紹介にするんだよね。

どれにしようかな。
みんなに気づかれなさそうなことは…。

3. 自己紹介をし合う

私の名前は○○です。
誕生日は9月30日です。
好きな食べ物はお寿司で，嫌いな食べ物はきゅうりです。
最近はまっていることはアニメを見ることです。
よろしくお願いします。

（拍手）○○さんに質問です。
きゅうりが嫌いなのはなぜですか？

小さいころに食べたとき，食感が苦手だと思ったからです。

すぐ答えていたしこれは本当だと思う。
じゃあ，最近見たアニメは何ですか？

えーっと…，○○です。

これは答えるのに間があったからうそかもしれない。
うそは「最近はまっていること」じゃないですか？

正解です…！　当てられちゃったな。
でも，みんなに自分のことを知ってもらえてうれしいな。

\ ポイント /

話すことを予め教師側から指定すると自己紹介がしやすくなります。

巣に引っかかるな！

蜘蛛の巣くぐり

- -

🕐 時間 **20分**

📝 準備物 ●すずらんテープやＰＰロープ
●マット

ねらい

　声をかけ合いながら，全員が蜘蛛の巣をくぐる活動を通して，クラスの団結力を高める。

1.ルールを理解する

> 今から，「蜘蛛の巣くぐり」をします。全員が壁と壁の間に張り巡らされたこの蜘蛛の巣（テープ）をくぐれたら成功です。髪の毛や体がいっさいテープに当たってはいけません。テープに当たってしまったら全員が最初からやり直しです。
> 気をつけてくぐってください。

2.ゲームを行う

> では，やってみましょう。

> 1人通ることができた！

> あ～，手が当たっちゃったからやり直しだ…。

3. 作戦会議を行う

 どうやったら当たらずにくぐることができるか，
みんなで話し合ってみよう。

 「当たりそうだよ！」って声かけたらいいんじゃないかな？

 足を持ってあげたらいいんじゃない？

4. 再びゲームに取り組む

 全員通れた！　うれしい！

 みんなで声をかけ合って協力できたね。
これからも，クラスで団結して過ごしていこう。

＼ ポイント ／

無理な体勢を取ってけがをしないように注意しましょう。

光線に当たるな！

ビーム

時間 | 20分

準備物
- すずらんテープやPPロープ
- マット

声をかけ合いながら，全員がテープの上を通る活動を通して，クラスの団結力を高める。

1. ルールを理解する

今から，みんなでテープの上を通ってもらいます。少しでも体の一部がテープに当たったら，全員が最初からやり直しです。みんなで協力してください。

2. ゲームを行う

では，実際にやってみましょう。マットを敷いて，けがをしないように気をつけてください。

跳び越えられた！

真似してジャンプしたら当たっちゃった…。

3. 作戦会議を行う

脇から手を支えてあげたらいいんじゃないかな？

土台をつくろう！

4. 再びゲームに取り組む

全員通れた！　うれしい！

みんなで協力してクリアできたね！

＼　ポイント　／

テープの高さは，一番背が高い生徒の腰のあたりに設定します。最後の方はジャンプして跳び越えられる生徒を残すことがポイントです。

自分の名前をどんどん増やそう！
The Big Familyゲーム

⏱ **時間** 5分 　 ✎ **準備物** なし

ねらい

じゃんけんに勝つたびに相手が自分の名前を名乗り，どんどん自分の家族を増やすゲームを通して，クラス全体の雰囲気を盛り上げる。

1.ルールを理解する

今から「The Big Family ゲーム」をします。ゲームでは自分の苗字を使います。同じ苗字の友だちがいる場合は下の名前を使います。ルールは簡単です。友だちと名前を名乗り合ってからじゃんけんをし，負けた人は勝った人の名前を名乗ります。こうしてどんどん自分の名前を増やし，家族を大きくしていくゲームです。

2.練習を行う

では，実際にやってみましょう。よーい，始め！

こんにちは，伊藤です。

こんにちは，原です。じゃんけん，ポン。
負けた！　伊藤になったよ。

3. 本番を行う

 では, ここからが本番です。
3分間で, 一番大家族になるのはだれでしょう。よーい, 始め!

 こんにちは, 長嶋です。

 こんにちは, 井上です。じゃんけん, ポン!
わーっ, 負けちゃった! 長嶋になった。

 こんにちは, 井上…じゃなくて, 長嶋です!

 こんにちは, 大谷です。じゃんけん, ポン!
勝った! 大谷が増えてきたぞ。

 タイムアップです。席へ着いてください。それでは出欠を取ります。
井上さん…。欠席ですか? では, 大谷さん!

 はい! はい! はい!

 今日は, 大谷さんがたくさんいますね!

＼ ポイント ／

同じ名前の仲間に出会ったらじゃんけんをしないで, どんどん次の人
へ行きます。ゲーム後は, 先生が出欠を取るという設定で名前を呼び,
大家族が全員で手をあげて一斉に返事をすると雰囲気が盛り上がります。

学級全員で協力しよう！

整列ゲーム①

 時間 15分　 **準備物** なし

ねらい

　お題通りに整列する活動を通して，クラスの仲間とたくさんのコミュニケーションを取る。

1. ルールを理解する

　今から「整列ゲーム」をします。先生が言ったお題の通り，クラス全員で協力して，できるだけ早く一列に並んでください。早く並ぶためには，みんなで話し合うことが大切です。みんなでたくさん話しましょう。

2. ゲームを行う

　では，1回目。9月を最初，8月を最後として，誕生日順に並んでください。よーい，スタート！

　僕は1月6日だよ。

　私は4月4日だよ。

みんなの誕生日を一人ひとり確認してたら時間がかかってしまうよ。どうしたら早く並べるかな…。

誕生月ごとに集まって，そこで列をつくろう！

3. 振り返りをする

 早く並ぶために，全員に聞くのではなくて，小さくグループ分けをすると早く並べることがわかりました。

 みんなの誕生日を知ることができて楽しかった！

いつもよりいろいろな人とお話しできて楽しかった。

 今度は，他のクラスや学年の人とも勝負してみたいな。

＼ プラスα ／

誕生日の他に，以下のようなお題が考えられます。

・名前のあかさたな順

・今朝起きた時間順

・背の高い順

・名前の漢字の画数が少ない順

また，全クラス合同で行ったり，クラスをシャッフルして対抗戦にしたりすると，より多くのコミュニケーションを取る必要が生じ，活動も盛り上がります。

仲間としっかりコミュニケーションを取ろう！

整列ゲーム②

| 時間 | 15分 | 準備物 | なし |

ねらい

正しい順番に並ぶために互いに質問や応答を繰り返す活動を通して，クラスの雰囲気や団結力を高める。

1.ルールを理解する

今から「整列ゲーム」をします。先生がお題を言うので，みんなは相談しながら，正しい順番に並んでみよう。

2.練習を兼ねて2,3回行う

では，実際にやってみましょう。教室の縦列でチームをつくります。誕生日が早い人が前になるように整列してください。誕生日が1月1日の人が一番前，12月31日の人が最後になる順番です。

> **うまくいくコツ**
> 最初はゆっくりした
> スピードで行う。

みんな，誕生日いつ？

私，5月20日。

僕は10月5日。一番後ろだ。

3. 本番を行う

次は，お題を難しくしますね。今度は横列でチームをつくりましょう。名前の漢字の総画数が少ない順に並んでください。ただし，自分の総画数を言ってはいけません。まわりの人に言葉で名前に使われている漢字を伝えて，まわりの人が総画数を考えます。

田中さんの名前の漢字って，なんだっけ？

優しいの「優」に，衣類の「衣」だよ。

この順番でOKかな…。

一番早かったのは，この列でしたね。
じゃあ，最後はクラス全員で整列してみよう。

私は
10月1日！

ぼくは
9月30日！

＼ ポイント ／

最後にクラス全員で取り組むお題を出します。

リズムに乗ってシンクロしよう！

ウルトラマンじゃんけん

時間	5分	準備物	なし

ねらい

ウルトラマンのポーズを真似してリズムに乗ってじゃんけんをする活動を通して，休み明けのクラスの雰囲気を明るくする。

1.ルールを理解する

今から「ウルトラマンじゃんけん」をします。「グー」は胸の前で腕を交差させます。「チョキ」は両手をチョキにして額のところに持ってきます。「パー」は手を開いて胸の前で十字をつくります。ちょうどウルトラマンの光線を出すときのポーズになります。じゃんけんをするときには，「ビーム，シュワッチ！」と声をかけます。「シュワッチ」のところでポーズを取ります。

このじゃんけんは，勝ち負けを決めるのではありません。全員が同じポーズ（あいこ）になったら終了です。リズムに乗ってやると，気分が上がりますよ。

2.練習を兼ねて2，3回行う

では，実際にやってみましょう。まずは，2人組でやってみましょう。では行きますよ。ビーム，シュワッチ！

そろわない！

 やった，「グー」でそろった！

3. だんだん人数を多くしていく

 では，ここからが本番です。人数を6人に増やします。全員が同じポーズになったら座りましょう。ビーム，シュワッチ！

 難しい！　でも，何となくみんなの好きなポーズがわかってきた。

 やった，6人そろった！　なんかうれしい気持ちだな。

4. さらに人数を増やす

 最後は15人で挑戦です。何回でそろうかな。では，行きますよ。ビーム，シュワッチ！

 あー，全然合わない！　でも，なんとかそろえたい！

 リズムに乗って大きな声を出したら，教室の空気が変わってきたね。

＼ ポイント ／

同じポーズになること自体よりも，全員が声を出し，リズムよくポーズを取ることで，教室の雰囲気を明るくすることを重視します。

頭も体も動かそう！
ボールをパスして連想ゲーム

⏱ 時間	10分	📝 準備物	●ドッジボール

ねらい

言葉を連想しながらボールをパスしていく活動を通して，クラスの一体感や団結力を高める。

1. ルールを理解する

今から「ボールをパスして連想ゲーム」をします。まず大きな円になります。最初の言葉を決め，手を2回たたいたら連想する言葉を言っていきます。連想する言葉を言った人は，ボールをだれでもよいのでパスしてください。パスされた人は連想する言葉を言い，同じようにボールをパスしてください。ボールを落としたり，リズムに乗れなかったりしたらアウトです。

2. 練習を行う

では，ゆっくりやってみましょう。最初は「赤いもの」です。

（手を2回たたく）りんご！（ボールを投げる）

（手を2回たたく）フルーツ！（ボールを投げる）

3 . 本番を行う

 では，ここからが本番です。
だんだん速くしていくのでがんばりましょう。

 （手を2回たたく）サツマイモ！（ボールを投げる）

 （手を2回たたく）紫！（ボールを投げる）

 （手を2回たたく）紫…，あ～，出てこなかった！

 頭も体もたくさん動かすことができましたね！

サツマイモ！

＼ ポイント ／

　手をたたくことでゲームにリズムが出るだけでなく，活動に一体感が
出てきます。

仲間との出来事を思い出そう！

思い出振り返りクイズ

 時間 20分

 準備物 なし

 ねらい

思い出の出来事を振り返るクイズを通して，友だちとの絆を深め，気持ちよく１年を締めくくる。

1．ルールを理解する

今から「思い出振り返りクイズ」を行います。班で協力してクイズに答えてもらいます。今年１年間の思い出の出来事についてのクイズです。先生が４月から順番にこのクラスで印象に残っている出来事をクイズ形式でみなさんに問います。班のみんなで話し合って答えを出してください。クイズは早い者勝ちではありません。一番多く答えられた班が勝ちとなります。

2．クイズを行う

では，試しに１問出題してみるのでみんなで考えてみてください。それではいきます。

「６月の体育祭で，私たちのクラスは応援が１位でしたが，応援練習のときに声が出なくなるまで練習し，仲間を引っ張ってくれた人がいました。その人とはいったいだれでしょう？」

○○君かな。がんばっていたもんねー。

 ○○君もがんばっていたけれど，△△さんも声が出なくなるくらい応援練習に力を入れていたよ。

 時間が来ました。
すべてのグループの回答を見せてください。

 さすが，すべてのグループが正解でしたね！
○○君が応援をとてもがんばっていたのは印象的でしたね。
改めて拍手しましょう！

 ○○君，ありがとう！

 ありがとうございます。うれしいな…！

 たくさんの出来事が思い出としてよみがえってきましたね。それでは，次の時間はクラスの思い出年表をつくって，みんなで気持ちよく1年を締めくくりましょう。

> **うまくいくコツ**
> 答え合わせをするだけでなく，出来事を振り返り，活躍した生徒を改めて称賛する。

＼ プラスα ／

　クイズで取り上げた出来事などを集めて，クラスの思い出年表をつくると，よりよい雰囲気で学級の最後を締めくくることができます。

私はだ～れ？
友だち当てクイズ

 時間 20分　 準備物　●生徒の名前や情報が書かれたアンケート

ねらい

　趣味や部活動，好きな食べ物や色などからだれのことか当てるゲームを通して，お互いのことをよりよく知る。

1. (事前活動)アンケートに答える

 今度の学級レクで「友だち当てクイズ」をします。これからアンケートを配るので，名前や趣味，部活動など，みんなのいろいろなことを答えてください。

2. ルールを理解する

 今から「友だち当てクイズ」をします。ここにある箱には以前みんなに書いてもらったアンケートが入っています。名前や趣味，部活動などが書かれています。先生が箱から1枚引き，そこに書かれている情報を読み上げるので，だれかわかった時点で挙手してください。ただし，挙手は1人1回しかできません。もし間違えてしまった場合，そのターンは挙手することができません。正解者が出た時点で次を先生が引きます。

3. クイズを行う

では，最初に練習として，この学年の先生の情報を読み上げるので
どの先生かをみんなで当ててみてください。
それでは読み上げます。
この人の趣味は，ゴルフをすることです。

はい，〇〇先生だと思います！

残念。もう1つ情報を読み上げるのでよく聞いてください。
この人の好きな食べ物は…，ステーキです。

わかった，△△先生だと思います！

正解です！　△△先生でした。
このようにクイズを進めていきます。

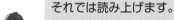
（クイズ終了後）これでクイズは終わります。全員分のクイズを行
うことができなかったので，アンケートを基に自己紹介表を書いて
ください。クラスに掲示するので，丁寧に書いてくださいね。

＼ ポイント ／

　アンケートの回答に生徒の個性が出ることが盛り上がりのポイントで
すが，あまり人に知られたくないと思う生徒が多いようなことは質問に
入れないよう配慮しましょう。

友だちのことをより深く知る

会話を楽しみ，相手を知ろう！
数字言い換えゲーム

 時間　**15分**

 準備物　● 1〜100の数字カード

 ね ら い

　自分の数字を別のものに言い換えて相手に伝えようとする活動を通して，お互いの感覚を知る。

1. ルールを理解する

> 今から「数字言い換えゲーム」をやります。 1〜100の数字が書かれた紙を渡しますので，だれにも見えないように確認をしてください。その後にお題を言うので，自分の数字の大きさに見合った，お題に合うものを考えてください。それをグループで比較しながら予想し，数字の順番に並んでみましょう。

2. お題に合うものを考える

> では，実際にやってみましょう。お題は「生き物の大きさ」です。自分の数字に見合った具体的な生き物を考えてください。

> （10を持っている）僕は，アリかなぁ…。

> （99を持っている）私はクジラ！

3. 数が小さいと思う順番に並んでいく

並べたようですね。
小さい数だと予想した人から順番に数字を見せてください。

よかった，順番に並んでる！

あれ，逆になってる！
お互いの大きさに対する感覚の違いがわかって楽しいな。

4. お題やルールを変えて行う

では，お題を難しくします。
お題は「実際に起きたらうれしいこと」にします。

（5を持っている）虹を見るくらいかな。

（60を持っている）宝くじに100万円当たったくらいかなー。

ゲームを通して，クラスのいろんな友だちの
価値観を知ることができましたね。

\ ポイント /

　正しく並ぶことより，自分なりの感覚や価値観を自由に表出し合うことを大切にしましょう。

このすてきな人はだれ？
Who is this nice guy?

 時間　20分　 準備物　●紙　●ペン

友だちのよさに着目し，学級で共有するゲームを通して，仲間を大切にする学級の雰囲気をつくる。

1.ルールを理解する

今から「Who is this nice guy？」をします。配られた紙に隣の人のよいところを3つ，具体的に書いてください。書き終わったらこのボックスの中に入れてください。

全員が提出し終わったら，出席番号順に紙を1枚引きに来て，書いてあることを読み上げてもらいます。だれのことかをみんなで考えてみましょう。当たった人は1ポイントゲットです。

2.ゲームを行う

では○○さん，書いてあることを読み上げてください。

①絵が上手で展覧会でも入賞していた。
②だれにでも優しくて，みんなに好かれている。
③少し抜けているところがかわいい（休校日に登校していた）。

わかった！

 □□君！

 これを書いた人，□□君で，合っていますか？

 合ってます！

 確かに□□君は，だれにでも優しくできるところがすばらしいよね。愛されキャラで，クラスの雰囲気を明るくしてくれる□□君に拍手！

① 絵が上手で展覧会でも入賞していた。

\ ポイント /

学期や月の終わりに習慣として行うようにすると，仲間のよいところを見つけようと意識する生徒が増えます。

みんなで楽しいことを考えよう！
100万円シンキング

 時間　15分　 準備物　●紙　●ペン

 ねらい

「もし100万円あったらどんなことをして楽しむ？」というお題を考えることを通して，お互いの価値観や考えを知る。

1.ルールを理解する

今から「100万円シンキング」をします。もしみんなが100万円もっていたらどんなことに使いますか？

ゲーム！

友だちと遊んだり，旅行に行ったりする！

いろんな妄想ができて楽しいですね！　今回は100万円をグループでどのように使うと一番楽しいかを考えてもらいます。意見を出し合いながら，みんなが楽しめる計画を考えてね。

2.グループごとに考える

では，グループで考えていきましょう。

ディズニーランドを貸切にするのはどう？

 それいいね！　でも，100万円で貸切にできるのかな…？

 せっかくだから，みんなの共通の思い出ができるようなことがいいよね。

 そっか，じゃあ，みんなでアウトレットモールに買い物に行って，何かおそろいのものを買うっていうのはどう？

 それいい！

3. 全体に発表する

 私たちのグループは「みんなでアウトレットモールに買い物に行って，何かおそろいのものを買う」という案を考えました！

 それいいね！

 楽しそう！

 考える中で，友だちのいろいろな考えを知ることができましたね。

＼ ポイント ／

　現実的に不可能そうな計画でも否定的に捉えず，話し合いのプロセスを価値づけます。

友だちのよいところを見つけよう！

ほめリストになろう

| 時間 | 10分 | 準備物 | なし |

ねらい

じゃんけんで負けた人が，勝った人のよさを相手に伝えるゲームを通して，相手のよいところを知り，感謝する気持ちを育む。

1. ルールを理解する

 今から，2人1組でじゃんけんをします。負けた人は，勝った人のよいところを伝えてください。言ってもらった人は，必ず「ありがとう」と感謝の言葉を伝えてください。

2. 練習を兼ねて2，3回行う

 では，実際にやってみましょう。2人組でスタートしてください。制限時間は3分です。

> **うまくいくコツ**
> じゃんけんの前に準備時間を取り，ほめる内容を考えさせておくとよい。

 負けちゃった。えっと，○○さんのよいところは，掃除の時間に黙々と作業できるところです。

 ありがとう！

3. メンバーを変え, 制限時間を長くして行う

では, ここからが本番です。
ペアが変わり, 制限時間も長くしました。
どのペアが一番多くほめ合えるかな？ よーい, スタート！

負けた！ ○○さんのよいところは, とても優しいところです。

また, 負けた！ ○○君のよいところは, 失敗しても何度でもチャレンジできるところです。

4. 人数を増やして行う

今度は４人組になります。一番負けた人が, 他の３人の人のよいところを１つずつ言ってあげてください。

○○さんは力が強いですね。△△さんはサッカーのドリブルが抜群です。□□さんはクラスで歌が一番うまい！

どうですか？ ほめられるとうれしいですね。
感謝の気持ちも自然とわいてきますね。

＼ ポイント ／

ほめてもらった人が「ありがとう」と言うことを最初にしっかり確認することで, 感謝の気持ちがクラスに充満します。

相手の気持ちに共感しながら聞こう！

四分割対話

時間	20分	準備物	●紙 ●ペン

 ねらい

4つのお題について相手と対話することを通して，共感的に聞き合うことのよさを体感する。

1. ルールを理解する

今から「四分割対話」をします。まず，隣の人とペアになります。そして，手元にある紙を4つに折りましょう。そこに相手の人から聞いてみたいお題を4つ書きましょう。1つの枠に1つのお題を書き入れます。書き終わったら，相手の人に渡します。
その4つのお題について，どれからでもよいので，相手の人にお話ししてください。

2. 練習を兼ねて2, 3回行う

では，実際にやってみます。四分割の紙を渡したらスタートです。聞く人は，相づちを打ったり，質問をしたりしながら，共感的に聞きましょう。

「好きな食べ物」「苦手な虫」「嫌な音」「今の気持ち」の4つか。

「今の気持ち」は…, 何だか緊張してる。
あんまりこうして2人で向き合って対話をすることがないから。

へー, そうなんだ。
よく発表してるし, お話しは得意そうに見えてたけど…。

聞き手がいっぱいいるときは, 相手がはっきりしていないから,
そんなに緊張しないんだ。

その気持ち, わかる!

3. 交代して対話する

では, 話し手と聴き手を交代しましょう。紙を渡したらスタートです。時間を8分に制限します。5分より前に終わってしまったらアウトです。4つすべてのお題について話すようにしましょう。

「星」「馬」「家族」「野球」の4つ! 何から話そうかな。
僕は野球が大好きで, 家族も野球が大好き!
横浜ベイスターズのファンなんだ。

もう3つ出てきたね! プレーもするんですか?

＼ ポイント ／

聞き手には, 一問一答ではなく, 話題が広がるような質問をすることを意識させます。

仲間のことをたくさん知ろう！

数字当てゲーム

 時間 10分　　 **準備物**　●1〜5までの数字カード

様々なジャンルの話題に触れることを通して，自分のことを知ってもらうと同時に，仲間の価値観を知る。

1 . ルールを理解する

> 今から，数字当てゲームをします。ここに，1から5までの数字を書いたカードがたくさんあるので，よく混ぜて1人1枚引きます。
> その数字はまわりの人に言ってはいけません。
> そして，お題に対して引いた数と合っているものを考えます。
> その後，指名された人にそれを紹介してもらい，どの数字カードを持っているかをみんなで当てます。

2 . ゲームを行う

> では，実際にやってみましょう。まずはカードを引いてください。

> （1だ。一番のものは考えやすそう！）

> （わっ…，5は難しそうだな…）

では，お題を出します。今回のお題は，「好きな給食のメニュー」です。引いた数に合う順位のメニューを考えましょう。30秒考えてください。

（二番目に好きなメニューはあれかな…）

では，○○さん，自分の考えた答えを言ってください。

カレーです！

カレーは一番じゃない？

でも，辛いものは苦手ってこともあるかも。

では，みなさんの予想をノートに書いてください。○○さん，答えをどうぞ。

私の数字カードは…，2です！
カレーも好きだけど，一番は焼きそば！

そっかー，残念。
でも，給食の焼きそば，おいしいよね！

友だちのことをより深く知る

＼ ポイント ／

数字カードの幅を広げることで難易度が上がりますが，テンポよく進め，クラスの仲間の価値観をたくさん共有することが大事です。

ペアで協力してゴールを目指そう！
ボール運びゲーム

 時間 **20分**

 準備物 ●ドッジボール　●三角コーン
●体の部位が書かれたくじ

　自然に友だちとの距離が近くなるボール運びゲームや友だちを応援する活動を通して，仲間との協力関係を深める。

1. ルールを理解する

今から「ボール運びゲーム」をします。男女でペアをつくり，ボールを2人で持って向かいにある三角コーンまで行き，戻ってきてもらいます。ただし，みなさんの前には，箱が用意されています。その箱には体の部位が書かれているくじが入っています。そのくじを引いて書かれている部位だけを使ってボールを運んでもらいます。ボールを落としてしまった場合はその位置からもう一度ボールを運びます。もう1つルールがあります。応援は座って行ってください。

2. ゲームを行う

それでは始めます。
よーい，始め！

背中だけしか使えないから難しい…。

やった,「手」だ！
でも,「交互にドリブル」って条件がついてる。

 わー，意外と難しい！

 ○○君と○○さんのペア，がんばれー！

 では，ゲームの振り返りをします。今日のMVPを決めましょう。
MVPは，一番よく協力できていたと思うペアをみんなで選んでく
ださい。

がんばれー！

いいぞー！

\ ポイント /

どうしても足が速い子や元気で明るい子が目立ちがちですが，MVP
を決めるときは，協力性や応援する姿などに視点を当てましょう。

言葉から絵を想像して当てよう！

ゲス・ピクチャーズ

 時間 10分　 準備物 ●紙　●ペン

 ね ら い

　ヒントとなる言葉からどんな絵なのか想像する活動を通して，ペアで協力して想像を膨らませる楽しさを味わう。

1.ルールを理解する

 今から「ゲス・ピクチャーズ」をします。ヒントを手がかりに，ペアで先生がかいた絵を当ててください。絵をかきながら考えるとわかりやすいですよ。途中でわかっても，ヒントを最後まで言い終わってから答えてください。

2.ゲームを行う

 では，実際にやってみましょう。ヒント1，この絵には大きい丸が1つ使われています。ヒント2，小さい丸も1つ使われています。ヒント3，食べ物です。これはなんでしょう？

 大きい丸と小さい丸…？

大きい丸の中に小さい丸があるってことじゃない？

そういうことか。ドーナツだ！

 正解は…，ドーナツです！

 やった，正解だ！

3. 難易度が上がった問題に取り組む

 では，だんだん難しくなりますよ。2問目！
ヒントは，台形が1個，棒が1本，三角形が1個です。

 え～，何だろう…？

 全然わからない…。

 正解は…，ヨットです！

 なるほどー，そういうことか！

 わからなかったけど，すっきりした！

```
＼ プラスα ／
```
　グループ対抗にしたり，得点制を取り入れたりすると，さらに盛り上がります。

| 問題例　長方形が1個，三角形が1個，丸が1個→ロケット |
| 問題例　丸が1個，正五角形が12個→サッカーボール |

時間内にたくさんつなごう！
ペア絵しりとり

| 時間 | 15分 | 準備物 | ●紙
●ペン |

ねらい

ペアで協力してしりとりをつなげていく活動を通して，想像力を養ったり団結力を高めたりする。

1. ルールを理解する

今から「ペア絵しりとり」をします。ルールは簡単です。ペアで順番に絵をかいてしりとりをします。1人が絵をかいたら，次はもう1人がその絵に続く絵をかいてください。伝わった絵の数が一番多かったペアが優勝です。絵のうまさよりも相手の絵を読み取ったり，想像力を働かせたりすることが大事です。制限時間は3分です。

2. ゲームを行う

では，早速やってみます。紙を配ります。1人1本ペンを用意してください。そして，ペアのどちらが先にかくか決めてください。

じゃんけんで勝った方からにしよう。じゃんけん，ポン！

勝った！　私から始めるね。

それでは始めます！　最初はしりとりの「り」から始めてください。
よーい，スタート！

 わかった！　ということは，次は…。

 ３分間経ちました！　ゲーム終了です。
ペアでしりとりが何個正しくつなげられたか数えてください。

 えっ，これって牛だったの？　馬かと思った！

 しまった！　たしかに，牛にしては首が長いよね…。

 でも，ここまでは伝わっているから，８個続いたね！

\ プラスα /

ペアではなくグループ対抗にして一番多く絵をつなげられたグループ
を優勝としてもよいでしょう。

共通点を探して, みんなに紹介しよう！

共通点クイズ

| 時間 | 15分 | 準備物 | なし |

ねらい

　ペアトークを通して共通点を見つけ, クイズとして出題する活動を通して, 知らなかった友だちの一面をたくさん知る。

1. ルールを理解する

> 今から「共通点クイズ」をします。6人グループで3つのペアをつくってください。ペアをつくったら, 好きなものや趣味など, 2人の共通点を1つ探し, それが答えになるクイズをつくってください。時間は3分以内です。クイズができたら, グループで順番に出題し合ってください。

2. クイズの準備をする

> では, まずペアでトークをしてください。

> 得意なスポーツはどうかな？
> 私はテニスが得意です。

> 僕はサッカーだよ。

じゃあ，趣味はどう？　私は映画を見ることが好きです。

僕も！　どんな映画が好き？

私は『ハリーポッター』だよ。

僕も大好き！

そうなんだ！　共通点が見つかったね！

3.クイズを出題し合う

それでは，共通点が見つかったところで，
クイズを出題し合ってください。

私たちは2人とも映画が好きです。

2人が共通して好きな作品は何でしょう？

え～，何だろう…？

正解は，『ハリーポッター』です！

＼ ポイント ／

できるだけたくさんのペアでトークができるように，テンポよく進め
ていきます。

質問してだれか当てよう！

私はだぁれ？

時間	15分	準備物	なし

ねらい

ペアで質問をし合う活動を通して，お互いのことをよく知り，仲を深める。

1. ルールを理解する

今から「私はだぁれ？」をします。○○さんに，私が頭に思い浮かべたお題を当ててもらいます。○○さんは「あなたは□□ですか？」という質問をしてください。私は「はい」か「いいえ」で答えます。当たるまでの質問の回数が少ないほどポイントが高くなるゲームです。では，隣の人と一緒に練習してみましょう。まずは，窓側の人がお題を決めて質問に答える役，廊下側の人が質問する役としてやってみましょう。

2. 練習を行う

では，実際にやってみましょう。

4回の質問で当てられた！

> **うまくいくコツ**
> 好きなスポーツなどはじめはやさしいお題を勧める。

3. 本番を行う

 では，ここからが本番です。
まずは窓側の人がお題を考え，廊下側の人が質問してください。
できる限り少ない質問回数で当ててください。

 え〜，全然わからないよ…。

 今度は席を立って，いろんな人と活動します。
では，やってみましょう！　何人当てることができるかな？

 ○○さん一緒にやろう！

 さあ，時間になりました。みんな何人当てることができたかな？

あなたは、バドミントンですか？

いいえ

＼ ポイント ／

　ペアを固定せず席を立っていろいろな人と活動を行うのがポイントです。

みんなで協力してひっくり返そう！
魔法の絨毯

 時間　10分　 準備物　●レジャーシート

 ねらい

みんなで工夫してレジャーシートをひっくり返すというミッションを通して，声をかけ合いながら協力する大切さを味わう。

1.ルールを理解する

 今から，チームに分かれて「魔法の絨毯」をします。全員がレジャーシートに乗った状態でスタートします。そこからレジャーシートをすべてひっくり返すことができたらクリアです。ただし，少しでもレジャーシートから手や足などがはみ出たら，やり直しになります。クリアを目指してがんばってください。

2.ゲームを行う

 では，実際にやってみましょう。
チームで協力してがんばってください。

 ギュッとしたらいいかも！

 なかなかレジャーシートが動かない…。

ダメだ，足が出ちゃった…。

3. 作戦会議をする

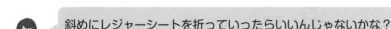 斜めにレジャーシートを折っていったらいいんじゃないかな？

それ，よさそう！

もっと声をかけ合いながらやっていこう！

4. クリアできるまで挑戦する

だんだんひっくり返ってきた！

あと少しだ。最後までがんばろう！

 協力して，全チームクリアすることができましたね。
これからも，チームで何かをするときは，知恵を出し合い，
声をかけ合いながら協力していきましょう。

＼ ポイント ／

　チーム内でコミュニケーションが生まれるように，作戦会議の時間を
取ることを促します。

　1チームの人数やレジャーシートの大きさは，生徒の実態に応じて決
めます。

障害物にぶつかるな！

マインフィールド

時間	15分	準備物	●カラーコーン ●アイマスクや目隠し	●フラフープ

チームで協力して障害物に当たらずゴールを目指すゲームを通して，絆を深める。

1. ルールを理解する

今から，チームに分かれて「マインフィールド」をしてもらいます。チームで1人が目隠しをしてください。その人が目の前の障害物に当たらずにゴールすることができたらクリアです。目隠ししていない人が声をかけながら，クリアを目指してください。それでは，ゴールまでの間に，コーンや落とし穴に見立てたフラフープなどいろいろな障害物を置きましょう。

2. ゲームを行う

では，実際にやってみましょう。
チームで協力してがんばってください。

うまくいくコツ
積極的にアドバイスするよう声かけをする。

もう少し右！　前！

あっ，障害物に当たっちゃった…。

 障害物に当たってしまったら，選手交代です。

 よし，協力して絶対クリアしよう！

 あと少し！　そのまま真っすぐ！

 クリアできた！　うれしい！

 チームで協力してクリアできましたね。
これからもみんなで協力しながらがんばっていきましょう！

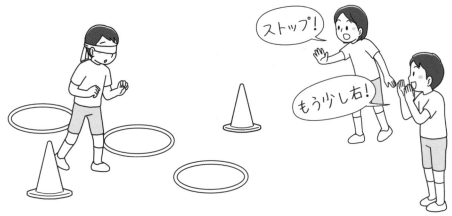

\ プラスα /

障害物を種類や数や配置によりレベル別に分けて，クリアできたらレベルアップしていく方式でも，盛り上がります。

みんなで声をかけ合ってクリアしよう！

宇宙人ゲーム

⏱ 時間	10分	📝 準備物	なし

ねらい

協力して与えられた条件をクリアするゲームを通して，チームの絆を深める。

1.ルールを理解する

今から，6人チームに分かれて「宇宙人ゲーム」をします。地面に着いていい足の数は5本，お尻の数は3つ，手の数は5本です。その状態で10秒間耐えることができたらクリアです。ただし，チームのだれかに触れていないといけません。それでは，クリアを目指してがんばってください。どんな宇宙人が誕生するか楽しみです。

2.実際にやってみる

では，実際にやってみましょう。
チームで協力してがんばってください。

どうしたら足を浮かせられるかな？

バランスが取れなくて難しい…。

3. 作戦会議をする

手で足を持ったらいいと思う！

だれかの足の上に手をのせるのはどうかな？

それ，いいアイデアだね！

4. クリアできるまで挑戦する

この形ならできそう！

わー，まるで宇宙人みたいだ！

（みんなで10秒数える）やったー，クリアできた！

チームで声をかけ合いながらクリアできましたね。
これからも，みんなで協力していろいろなことを
がんばっていきましょう。

\ ポイント /

　足とお尻と手の数は，チームの合計した数の半分以下が目安です。そ
れよりも多いと簡単になってしまいます。上手く調節してレベルを変え
ることがポイントになります。また，無理な体勢を取ってけがをしない
ように教師は注意して観察しましょう。

みんなの個性を生かそう！

ミッションリレー

時間 15分

準備物
- ●ホワイトボード
- ●ミッションに必要なもの

 ねらい

チームの一人ひとりのよさを生かしてミッションをクリアする活動を通して，個性を大事にすることの大切さを味わう。

1．ルールを理解する

今から体育館で「ミッションリレー」をします。
ホワイトボードを見てください。★は難易度を示しています。

> ①探し物が得意な人★★★（1人）
> ②手先が器用な人★★★（1人）
> ③息ぴったりな3人組★★（3人）

今から5分間時間を取ります。お互いのよさを生かせるように，チームでだれがどこの走順を担当するか話し合ってください。

2．チームで話し合う

私は，走るのはあまり得意ではないけど，手先は器用な方だから，2走目がいいなぁ。

一緒に3走目やろうよ！

3. ミッション内容を知る

ホワイトボードを見てください。

みなさんに挑戦してもらうミッションはこちらです。

①探し物が得意な人　→体育館に隠してあるトランプを探す

②手先が器用な人　　→折り紙で鶴を折る

③息ぴったりな3人組→三人四脚で走る

 それぞれのミッションをクリアしながら体育館を一周走り，

次の人にタッチしてくださいね。

 私，折り紙得意！　やった！

4. リレーを行う

 では始めます。よーい，スタート！

 ○○さん，がんばって！

＼ ポイント ／

内容について不安があれば，前もってミッション内容も提示しておく

とスムーズに進めることができます。

みんなで5文字をそろえよう！
1人1文字クイズ

時間 10分

  準備物
●ミニホワイトボード
●ペン

ねらい

5文字の答えになる問題を1人1文字担当して解答を完成させるクイズを通して，チームの一体感や達成感を味わう。

1. ルールを理解する

今から「1人1文字クイズ」をします。先生が，答えが5文字になる問題を出します。みなさんは5人で1グループになり，1人1文字担当して解答をつくりましょう。1文字でも間違えていたら不正解なので1人ひとり責任をもってがんばりましょう。

2. 練習を行う

では，実際にやってみましょう。Aチームの5人は前に来てください。問題！　桃から生まれて鬼ヶ島に行った人はだーれだ。

まわりに教えてはダメですよ。では一斉に回答オープン！

正解は「ももたろう」です！

> **うまくいくコツ**
> 最初はだれもがわかる問題で全員に流れをつかませる。

3. 本番を行う

 では，ここからが本番です。だんだん難しくしていくので
がんばりましょう。各チーム3問です！

 あー，わからないよー…！

4. 学校で習ったことや時事問題を混ぜる

 今度は先週の理科の授業でやった問題です！

 わーっ，覚えているかな？

 何とか正解してよかった！

 みんな頭がすっきりしたね。では，今日もがんばりましょう！

\ プラスα /

運動会や修学旅行の思い出などを出題しても盛り上がります。

心を1つに！
連想ゲーム

 時間 **10分**

 準備物 ●紙
●ペン

 ね ら い

1つの言葉から連想するものを，グループの仲間同士で想像し合うゲームを通して，心のつながりを深める。

1.ルールを理解する

今から「連想ゲーム」をします。6人グループをつくり，先生がお題を出します。例えば「くだもの」がお題なら，それぞれが思いつくくだものを紙に書きます。相談は禁止です。このゲームはみんなの答えがそろうことが大切なので，友だちが何を書くのか想像しましょう。一斉に紙を出し，そろった人数がそのまま得点になります。例えば，もも，ぶどう，いちご，ぶどう，みかん，ももであれば，ももとぶどうは2つずつそろっていますが，2ポイントになります。

2.ゲームに取り組む

では，1回目。お題は，「乗り物」です。

難しいな…，みんな何を書くのかな。

そういえば，○○さんが電車に乗ってお出かけをした話をこの間してたな…。

 では，一斉に紙を出してみましょう。

バス，自転車，電車，電車，飛行機，電車だから…，
3ポイントだ！

電車かー。みんなよく乗る乗り物を書くかと思って自転車にしちゃった。次はもっとみんなそろうといいな！

＼ プラスα ／

　実態に応じてグループの人数を調整したり，グループの中で1人をリーダーとして，リーダーが何を書くのか連想してみたりしても楽しく行うことができます。

うまく誘導して禁句を言わせよう！

ＮＧワードゲーム

時間 10分

準備物
●紙
●ペン

ねらい

相手にNGワードを言わせるためにはどうすればよいか考える活動を通して，協力してうまい質問の仕方を考える楽しさを味わう。

1.ルールを理解する

今から「NGワードゲーム」をします。4人グループで3人は質問者，1人は回答者となってください。質問者の3人は，相談して回答者に言わせたい「NGワード」を1つ紙に書いてください。回答者に聞かれないように小さな声で相談してください。回答者は質問を受ける中で，NGワードがわかったら挙手してください。正解していたら回答者の勝ち，NGワードを言ったり，答えたNGワードが間違っていたりしたら，質問者の勝ちです。回答者は，質問を受ける中で，質問者が何を言わせようとしているのかよく考えてくださいね。

2.NGワードを考える

○○君はサッカーをやっているから，NGワードは「サッカー」にしよう。

スポーツの話題を中心に質問すると，
NGワードを言わせられそうだね。

3. 質問，回答をする

○○君ってスポーツ好きだよね？ 何が好きなの？

(僕がサッカーやっていることを知っているはずだから，
とりあえずサッカーは外そう) えーと…，野球かな！

そうなんだ。他にはどんなスポーツが好きなの？

(やっぱり，スポーツの話題ばかりでますます怪しいな…)
NGワードがわかりました！
NGワードは「サッカー」です。

あ〜，当てられちゃった。NGワードが簡単過ぎたな…。

質問の仕方ももっと工夫しないと，何を言わせたいかが
バレバレだよね…

いいところに気がつきましたね！

＼ プラスα ／

NGワードを言わせるようにうまく誘導しているグループがあったら，
振り返りでその工夫を共有してもらいます。

仲間と協力してクリアしよう！

フラフープリレー

 時間　10分

 準備物
●フラフープ
●ストップウォッチ

ねらい

　身体や頭を使う活動を通して，成功したときの達成感を味わい，仲間との絆を深める。

1.ルールを理解する

今から「フラフープリレー」をします。グループで手をつないで円をつくります。まず1人の人がフラフープの中に入り，手を離すことなく，全員がフラフープをくぐり抜けましょう。

2.動画を視聴する

それでは一度，お手本の動画を見てみましょう。

手をつないでいるのにくぐり抜けられるのかな？

（動画視聴後）ほんとにくぐり抜けることができている！

それではグループで協力してやってみましょう！

3. 実際にやってみる

まずはグループで向き合う形で手をつないで円をつくり，
1人の人が輪の中に入ります。それでは，よーい，始め！

4. 作戦会議を行い，もう一度やってみる

どうしたらもっと素早くくぐり抜けられるかな？
作戦を考えてみよう！

やった，○秒もタイムが縮まったよ！

作戦を立てながらグループで協力することができたね。

チームで協力する

＼ ポイント ／

　作戦会議を行い，並び方やくぐり抜け方などを工夫することがポイントです。

どこが変わったか見極めよう！

人間間違い探し

| 時間 | 15分 | 準備物 | なし |

ねらい

　役割分担を話し合ったり，当て方を工夫したりする活動を通して，仲間と協力することのよさを味わう。

1．ルールを理解する

　今から「人間間違い探し」をします。6人班をつくり，班の中で3人組をつくってください。実行側は30秒でポーズを決めてください。その間，当てる側の3人は目をつぶっています。ポーズを見たら，もう一度目をつぶります。もう一度30秒取るので，実行側は1回目と3か所だけ違うポーズをしてください。どこが変わったかわかれば当てる側の勝利，わからなければ実行側の勝利です。

2．ゲームを行う

　間違いは見つけられましたか？

　持ち物が変わるとわかりやすい！

　足とか手のポーズが変わっていると難しい！

だれがだれを見るか，役割分担するといいよ。

 なるほど，コツをつかんでいる班もありますね。すばらしい！
では，人数を増やして，6人班から12人班にしましょう。

3. 人数を増やして行う

 人数多いからさっきより難しいよ！

 役割分担しないと見つけられない！

 グループでの協力はもちろん，実行側も当てる側もたくさん考えて
頭の体操にもなりましたね。

＼ プラスα ／

途中で班を合体させたり，間違いの数を3つから7つに増やしたりし
て難易度を調節できます。協力する仲間も増え，交流が広がります。

力を合わせてたくさん答えよう！

お題リレー

⏰ 時間	10分	✏️ 準備物	●紙 ●ペン

ねらい

お題に合う答えをリレー形式でたくさん出す活動を通して，チームで協力したり助け合ったりするよさを味わう。

1.ルールを理解する

 今から「お題リレー」をします。このゲームはリレーとお題ゲームを組み合わせたレクです。はじめに先生がお題を発表します。例えば「冬と言えば」というお題だったときは，どんなものが想像できますか？

 雪だるま！

 お正月！

 いいですね。今のように思いついたものを紙に書いてもらいます。グループで１列になり，紙に１人ずつ順番に書いていきます。今回はペンがバトンの代わりになります。一番後ろまで行ったら，今度は前に向かって戻ってください。時間内にたくさんの答えが書けるようにグループで協力しましょう。

2. ゲームを行う

それではゲームを始めます。お題は…「中華料理と言えば」。
制限時間は２分です。
よーい，スタート。

（ラーメン）

（餃子）

（麻婆豆腐）

（ラーメン）

あれっ？　ラーメンは最初に出てるよ！

そっか，ありがとう！　じゃあ…（チャーハン）

２分間経ちました。そこまで！
答えが重複してしまっていたとき，次の人が声をかけて教えてあげ
ているチームがありましたね。すばらしいです！

＼ ポイント ／

　答えの重複や答えに詰まったときのスキップをどう扱うかはあえて事
前に説明せず，生徒同士で声をかけ合ったり，質問したりするきっかけ
をつくります。

見破られずに同じ動きをしよう！

震源地ゲーム

 時間 **10分**　 準備物 なし

ねらい

　友だちの動きをよく見ながら体を動かす活動を通して，グループの一体感を味わう。

1. ルールを理解する

> 今から「震源地ゲーム」をします。6人グループに分かれて鬼を1人決めてください。鬼が決まったら，鬼に聞こえないように相談して，震源地役を1人決めてください。鬼を中に入れて円になり，震源地役の人は鬼にバレないようにジャンプをしたりいろんなポーズを取ったりします。震源地役以外の子は震源地役がだれか鬼にバレないように，震源地役の動きの真似をします。制限時間が来たとき，震源地役がだれか当てられなかったら勝ちです。

2. ゲームを行う

> では，実際にやってみましょう。
> まずは，鬼と震源地役を決めてください。

> では，役割が決まったらスタート！　制限時間は1分です。

3. 振り返りを行う

 終了〜！ 震源地役を当てられるかな？

 震源地役は，○○さんだと思う！

 残念，△△君でした！

 えっ，本当に!? 全然わからなかった。

 Aチームは当てられなかったみたいだけど何か作戦があったの？

 私は△△君じゃなくて，その横にいる○○さんを見て動いてた！

 なるほど，フェイントをかけていたんだね！

＼ ポイント ／

ゲーム終了後うまくいったグループの作戦を共有する時間を取ります。

どうすれば高いタワーができる？
建築士のタマゴたち

 時間　15分　 準備物　●Ａ４用紙　●のり　●はさみ

ねらい

グループでコミュニケーションを取りながら１つのミッションに取り組むことで，協力することの意味や楽しさを味わう。

1. ルールを理解する

今から「建築士のタマゴたち」をします。この３枚のＡ４判用紙を使って，タワーをつくりましょう。紙は切っても，折っても，貼ってもＯＫです。そして，競うのは高さだけです。設計から建築までみなさんで力を合わせてがんばってください。

2. 作戦会議と練習を行う

では，実際にやってみましょう。まずは，１枚紙を配ります。グループで意見を出し合って１分間で設計してみましょう。

円柱はバランスがいいね。
でも，積み重ねたら倒れちゃうかな…？

どんな形だと安定するのかな…。

3. 本番を行う

 では，紙を3枚配ります。制限時間は3分です。

 時間が来たので，タワーから手を離してください。
高さを測ります。

 あ〜，倒れちゃった！

 残念ですが，測り終わる前に倒れると失格です。
優勝はＡグループでした！

チームで協力する

＼ プラスα ／

　紙の枚数を変えたりしながら，回数を重ねることで新しいアイデアが
生まれ，盛り上がります。

どれだけ長く続けられるかな？

増やししりとり

時間	10分	準備物	なし

ねらい

グループで1文字ずつ増えていくしりとりを行うことを通して，チームの団結力を深める。

1. ルールを理解する

今から「増やししりとり」をします。班ごとに分かれて，文字数を1文字ずつ増やしていくしりとりをします。各グループ何ターンまで続くかチャレンジしてみましょう！

2. 練習を兼ねて1回行う

では，実際にやってみましょう。
2分間でどれだけ多くの言葉を続けることができるかな？
では，よーい，スタート！

あ,,, あめ！

メダカ！

> **うまくいくコツ**
> グループ内でヒントを出し合ってもよいので，積極的にコミュニケーションを取るように促す。

カマキリ！

 りゅうつう（流通）！

 うえだじょう（上田城）！

 また「う」か…。う～ん，出てこない…。

 さあ2分経ちました！
（班ごとに何文字まで行けたか聞いていき）3班さんが一番長くしりとりを続けることができました。おめでとう！

3. ジャンルを指定して行う

 今度はしりとりのジャンルを「生物」に限定します。
では，始め！

 ねこ！

 コアラ！

 ライオン！　あっ，「ん」がついちゃった！

＼ ポイント ／

　文字数が増えてくると難しくなるので，ヒントを出し合うこともOKとし，協力するよさを味わわせましょう。

お題は何かを当てよう！

お絵かきクイズ

. . . .

時間　**10分**

準備物
●ホワイトボード
●ペン

ねらい

ホワイトボードにお題の絵をかいて答えていくゲームを通して，チームの団結力を高める。

1. ルールを理解する

今から「お絵かきクイズ」をします。先生がお題を出すので，グループの絵かき担当の人は，そのお題を絵にしてホワイトボードにかいてください。その絵を見てお題が何であったかをグループの人は協力して当ててください。制限時間は５分です。どれだけのお題が伝わるでしょうか。絵かき担当の人は言葉を発してはいけません。

2. ゲームを行う

では，実際にやってみましょう。お題は20個あります。絵かき担当の人はがんばって伝えてください。よーい，スタート！

「サル」だ！

当たり！

このお題難しくない!? えーっと,「新幹線」!

 当たり! よかった, ちゃんと伝わった!

 さあ, 5分が経ちました。
みんな何個のお題を伝えることができたかな?

3. 時間を短くして難易度を上げる

 今度は制限時間を1分にします。かなり短くなるので, テンポよく
進めてください。わからないものはパスもできます。

 時間がないよ! 急いでかいて!

新幹線!

＼ プラスα ／

解答者をグループ全員とせず, 1人ずつ順番に答えるようにすると,
より緊張感が増します。

協力して1つの絵を完成させよう！

一筆描きリレー

時間	10分

準備物

●紙
●ペン

ねらい

だれがどの部分をどこまでかくのかを考えながら絵を完成させる活動を通して，チームで協力するよさを味わう。

1．ルールを理解する

今から，班で一筆書きでつないで，お題に合う1つの絵を完成させるゲームをします。1人につき必ず一筆でかきます。ただし，つながっていればどれだけかいても構いません。4人グループで1人2回ずつ順番が回るようにし，絵を完成させましょう。

2．お題を各班に配る

では，並び方を変えます。各班1列になってください。お題を教えるので，先頭の人は前に出てきてください。
班の子が何をかいているか見えない方が難しくなります。絵のどの部分をかいたかは，班の子にも教えないでね。

最初の人が肝心だよね。

じゃんけんで順番を決めよう。

3. お題に沿った絵を完成させる

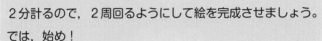 1班のお題はこれです。
2分計るので，2周回るようにして絵を完成させましょう。
では，始め！

 よし。うまくかけたぞ！

4. かいた絵を全体で共有する

 では，1班のみなさん，前に出てきてください。
他の班のみなさん，これは何の絵だと思いますか？

 はい，遊園地です！

 正解です！　ここに○○があって…。

 どの班も上手にかけたね。
今度は自分たちでお題をつくって，このボックスに入れてください。

＼ プラスα ／

　生徒が自分たちでお題をつくり，それをボックスに入れて，くじのように引かせてもおもしろいでしょう。

協力して相手を倒そう！
王様とり

時間 **15分**

準備物 ●紅白帽

チームで声をかけ合いながら戦う鬼ごっこを通して，協力することの
よさを味わう。

1.ルールを理解する

今からチーム対抗で「王様とり」をします。このゲームでは，相手
チームの人にタッチされたら，じゃんけんをします。チームに1人
王様がいます。じゃんけんで負けた場合，その場で座りますが，王
様にタッチされたら復活できます。また，それぞれに陣地がありま
す。そこに王様が入っているときは，王様をタッチできません。勝
つ方法は，王様にじゃんけんで勝つか，他のチーム員を全滅させる
かどちらかです。

2.王様を決める

では，チームで話し合って，王様を決めてください。

王様だーれだ？

相手チームの王様がだれか覚えてください。

3. ゲームを行う

 じゃんけん負けちゃった…。王様，助けてー！

 王様が陣地から出てきたよ！ タッチしよう！

 危ない！

 負けちゃった…。悔しい！

 今日は，体をいっぱい動かすことができましたね。これからも，こうやってチームで協力しながら過ごしていきましょう！

陣地　　　　　　　　　陣地

> \ ポイント /
>
> 結果発表や試合のスタートなどを工夫して，雰囲気を盛り上げると楽しさが増します。

どんどんつながって盛り上がろう！
じゃんけん列車ゲーム

 時間　10分　 準備物　なし

ねらい

じゃんけん勝負で列車をつなぎ合うゲームを通して，クラス全体の雰囲気を盛り上げる。

1. ルールを理解する

今から「じゃんけん列車ゲーム」をします。まずは２人ペアで，後ろの子は前の子の肩に手を置いて列になります。それを１号車とします。先生の合図で，列車の先頭の子同士でじゃんけんをしましょう。じゃんけんに負けた列車は，勝った列車の後ろにつながって，２号車になります。それを繰り返し，最後まで１号車だったチームが優勝です。列車が長くなっても肩から手を離さないでください。

2. 練習を行う

では，実際にやってみましょう。ペアで先頭の子を決めて１号車をつくってください。それでは，よーい，始め！

じゃんけん，ポン。
ごめん，負けちゃった！　２号車になるよ。

3 . 本番を行う

 では，ここからが本番です。最後まで1号車でいられた列車が優勝です。「じゃんけん，ポン」と元気に声をそろえましょう！

 せーの，じゃんけん，ポン！　負けちゃった〜！

 次も勝つよ！　せーの，じゃんけん，ポン！
わー，負けちゃった！　ごめん，3号車だ。ついてきてね！

やった！　勝ったぞ。これで4号車までつながった。

 じゃんけん列車が完成しました。優勝は○○チームです！
みんな楽しく盛り上がることができましたね。

じゃんけん，
ポン！

じゃんけん，
ポン！

＼ プラスα ／

じゃんけんが「あいこ」の場合は，その時点で列車の連結が解除されて，再挑戦できるルールにすると盛り上がります。

決められた範囲で逃げ切ろう！

班対抗・田の字鬼

 時間 15分

 準備物 なし

どうしたらつかまえられるのか，逃げ切れるのかを考えながら鬼ごっこを楽しむことを通して，チームの仲を深める。

1. ルールを理解する

今から，「班対抗・田の字鬼」をします。田んぼの田の形をした線が引いてあります。鬼はその線の上だけを，逃げる人は線の中だけを動くことができます。鬼は，班の中から2人出します。逃げる班は班全員で逃げます。つかまった人から，田んぼの外に出ます。2分間行って，最後まで残った人数が多かった班が勝ちです。

2. ゲームを行う

では，実際にやってみましょう。

全員つかまえるためには，○○さんと△△さんが鬼になったらいいと思うよ。

つかまらないためにはみんなが違う□に入ったらいいんじゃない？

118

スタート！

 違う田んぼに入ったから逃げ切ることができたね！
3人も残れたよ。

 水分補給をしましょう。次は1班が鬼で，2班が逃げます。

＼ プラスα ／

　実態に応じて，鬼の人数を決めたり，□の数を増やしたり減らしたり
して行います。班対抗にしない場合は，鬼がつかまえたら，つかまった
人が鬼になるなどのルールにしても楽しい活動になります。

全方位警戒しよう！
４面ドッジボール

時間 20分

準備物 ●ドッジボール（４個）

ねらい

　コートを４分割したドッジボールにグループ全員で声をかけ合いながら全力で取り組むことを通して，チームワークを高める。

1.ルールを理解する

　今から「４面ドッジボール」をします。４グループに分かれて一斉にドッジボールをします。外野は内野の対角線上に行きましょう。最初はボール２つで，１分が経過するごとにボールが１つずつ増えます。試合時間は３分です。いろいろな方向からボールが飛んでくるので，声をかけ合いながら取り組みましょう。

Dチームの外野	Aチーム	Bチーム	Cチームの外野
Bチームの外野	Cチーム	Dチーム	Aチームの外野

2. ゲームを行う

 では，実際にやってみましょう。
各チーム指定の場所につきましたか？　では，スタート！

 後ろからねらわれているよ！

 当たるところだった。ありがとう。

うまくいくコツ
本人が気づいていないときに強いボールを投げるのは禁止する。

3. ルールを追加して行う

 次はグループで王様を決めます。
王様が当たった時点でそのチームの負けです。

 私たちのチームは王様を囲んで守ろう！

 私たちは散らばって王様がだれかわからなくするよ！

 いろんな作戦があっていいですね。がんばっていきましょう！

 はい，そこまで！　声をかけ合い全力で楽しむ姿がすてきでした。

 チームワークで助け合えて楽しかった！

> ＼ ポイント ／
>
> 少しずつボールを増やして慣れさせるのがポイントです。

チームで競う

121

落とさず全員でつなげよう！

風船リレー

時間	15分	準備物	●カラーコーン ●風船

ねらい

　風船を使ったリレーをしながら，みんなで声をかけ合うことを通して，チームワークを高める。

1. ルールを理解する

> 今から「風船リレー」をします。
> 各班で，コーンが置いてあるところに並んでください。

2. 練習を行う

> では，実際にやってみましょう。班で１つコーンを持ってきてください。そのコーンの穴に風船を乗せてください。押し込まず，乗せるだけです。チームでだれか１往復走ってみましょう。

> あっ，風船が落ちちゃった！

> コーンを傾ければ簡単だね。

うまくいくコツ
風船が落ちにくい角度を見つけられるように声かけをする。

3. 本番を行う

 では，ここからが本番です。1走者の人は立ってください。
よーい，スタート！

 がんばれ！

 コーンの角度に気をつけろ！

 スピードが出てきたぞ，その調子！

 班員みんなの協力で，トップでゴールできた！

チームで競う

＼　プラスα　／

　バレーのアンダーレシーブやトスのように風船を弾ませながら進むな
ど，リレーの内容は様々に工夫することができます。

頭を使ってドッジボールをしよう！

戦略ドッジ

 時間 **20分**

 準備物 ●ドッジボール
●カラーコーン

ねらい

カラーコーンを守るべきか否かなど仲間と作戦を立てながら行うドッジボールを通して，チームで協力することのよさを味わう。

1．ルールを理解する

今から「戦略ドッジ」をします。それぞれ自分のコートの真ん中にカラーコーンがありますよね。そのコーンにボールが当たったら内野と外野の人が交代します。自分のチームのコーンが相手に当てられたら，そのときコートの中にいる人は全員外野と入れ替わります。

2．ゲームを行う

最初の外野は2人です。チーム内でまず外野を決めましょう。
それでは始めます。時間は4分間です。

最初はみんなコーンのまわりにいよう。
絶対にコーンを当てられちゃダメだよ。

逆に相手のコーンをねらっていきなり内野の数を2人にしたいね。

残り○分です。

内野の人数が少なくなったから，相手にコーンを当てさせたいな。
コーンの近くに立とう。

3. 振り返りを行う

4分経ちました。外野の人数を数えましょう。

やっぱりあそこでコーンを当てられたのがいけなかった。もう1回
やりたい。今度は自分たちでコーンの位置を決めたいな。

では，チームで作戦を練ってもう1回やってみよう。

＼ プラスα ／

　コートの形は，長方形だけでなく，田の字や砂時計のような形に変え
てもよいでしょう。カラーコーンの位置も生徒に決めさせます。

頭をフル回転させて考えよう！
お題ゲーム

時間 15分

準備物 ●紙 ●ペン

ねらい

お題に合うものをグループで協力して書き出す活動を通して，脳を活性化させる。

1. ルールを理解する

これから「お題ゲーム」をします。まず先生がお題を言います。例えば「赤い食べ物」と言ったとします。このお題に関わるものを思いつくだけすべて紙に書き出してください。時間内に一番多く書けたチームの勝ちです。チームのみんなで協力しましょう。

2. 練習をかねて短い時間でやってみる

では，実際にやってみましょう。
お題は「赤い食べ物」です。よーいスタート！

トマト！

りんご！

終了！
みんなたくさん書けていますね。

> **うまくいくコツ**
> チームで1人が書記となって紙に書く。

3. 本番を行う

 では，ここからが本番です。
お題は「冬と言えば」。よーいスタート！

 雪！   こたつ！   マフラー

 3，2，1，終了！ 手を止めて，いくつ書けたか数えてください。
Aチームから順番に教えてください。

 25個。   28個。   32個。

 今回はCチームの勝ちです！ たくさん書けましたね。

＼ プラスα ／

木へんの漢字，3画の漢字，ｔから始まる英単語…など，様々なお題
が考えられます。

チーム対抗で盛り上がろう！
じゃんけんボール送り

 時間 15分   **準備物** ●ドッジボール

ねらい

シンプルなチーム対抗ゲームを通して，頭と体を活性化し，仲間との関わりを増やす。

1. ルールを理解する

 今から「じゃんけんボール送り」をします。このゲームは，チーム対抗戦です。いすを一列に配置し，向かい合わせで座ります。先頭の人はボールを持ちます。ボールを持つ人は対面の人とじゃんけんをして，勝ったら隣の人にボールを渡します。先に先頭の人までボールが戻ってきたチームが勝ちです。

2. 練習を兼ねて少人数で行う

 では，実際にやってみましょう。1・2班さん，3・4班さん，5・6班さんのペアで向き合ってください。準備はいいですか？よーい，スタート！

じゃんけん，ポン！

 うまくいくコツ
ゲームの流れを理解できるようはじめは少人数で行う。

勝った！　はい，次どうぞ！

 また負けちゃった〜。

3. 人数を増やしていく

 次は，1・2班チーム対3・4班チームで向き合ってください。準備はいいですか？　よーい，スタート！

 あっ，勝ったのにボールを渡すの忘れてた！

 次で最後です。最後は，1・2・3班チーム対4・5・6班チームです。さあ，早く先頭にボールを戻すことができるのはどっちのチームかな？　いきますよ。よーい，スタート！

 やった，勝った！

 負けちゃったけど，おもしろかった！

 みんなが仲間を応援する姿かっこよかったよ！
頭も体も動いてすっきりしたね！

＼　プラスα　／
クイズも並行して行い，じゃんけんに勝ちクイズに正解した場合のみ
ボールを送れるというルールにする方法もあります。

質問で突き止めよう！
ウソつきを探せ

時間 | 15分

準備物
●ミニホワイトボード
●ペン

ねらい

　質問をしながらうそをついている人を探すクイズを通して，観察力や推理力を働かせる。

1.ルールを理解する

　今から「ウソつきを探せ」をやります。5人グループで，1人回答者を決めます。残りの4人は，先生から出されたお題の答えを各自で考えたうえで，1人だけうその答えをつくってください。
　うその答えが決まったら，一斉に答えをオープンします。回答者は，うそをついている人を見破ってください。1問につき，2回まで質問してもOKです。

2.ゲームを行う

　では，最初のお題です。好きな果物は？
　回答者以外の人は答えを考えたうえで，うその答えをつくる人を決めてください。

　どんな答えだとバレにくいかな…。

では，一斉に答えをオープンしてください。

 すいか　　 りんご

 キウイ　　 いちご

 なんだかどれも本当っぽいなぁ…。

 2回まで質問してもOKですよ。

 じゃあ，○○さん。キウイのどんなところが好きですか？

 食感です！

 キウイの食感が好きって，なんだか怪しいなぁ…。
決めました！　ウソつきは○○さんです！

 正解です！

 1回の質問でよくわかったね。

 キウイだけ定番の果物と違うから，
ひっかけか正解だと思ったんだ。

観察力・推理力を働かせる

＼ ポイント ／

お題の難易度に応じて質問可能な回数を変えるとよいでしょう。

これって何位くらい？
エースtoキング

時間	準備物
20分	●トランプ

発表されたものの順位を予想するゲームを通して，推測しながら会話することの楽しさを味わう。

1.練習を行う

今から「エース to キング」をします。班対抗戦です。

1・2班は代表者を1人決めて，代表者は前に来てください。先生がトランプを渡します。数字は1から13のどれかで，トランプの数字がランキングの順位を表します。お題は「好きな給食ランキング」です。代表者の2人は引いたカードの数字に合う順位の給食を1つ決めてください。

では，1班の代表者さんから。

（カードを引いて）えっと…，カレーです！

では，2班の代表者さん。

（カードを引いて）なるほど…，ソフト麺です！

さあ，ここで質問タイムです。
2人に質問がある人はいますか？

はい，1班の代表者に質問です。
それは何カレーですか？

夏野菜カレーです。

では，各グループで話し合いをして，1・2班の代表者が何位を答えたのか予想し，ランキング順（順位が上の方から）に書いてください。
それでは，正解発表です。
1班は4位，2班は3位でした。

従ってランキング順を2班→1班と答えたグループが正解です！

2. 本番を行う

では，本番です。
全6グループで代表者を決めて，ゲームをしましょう。

6グループもあるとランキング順に並べるのは難しそうだなぁ…。

観察力・推理力を働かせる

\ ポイント /

カードの数字に合う順位のものを選ぶのが難しそうな場合は，1〜8程度までに絞ると考えやすくなります。

どんな場面か見極めよう！

Thank you

 時間　5分　 準備物　なし

 ねらい

　場面を見極めるゲームを通して，表情や声から伝わる情報が多いことを知り，人をよく観察することの大切さを知る。

1. ルールを理解する

今から「Thank you」というゲームを行います。これは「ありがとう」という言葉がどんなシチュエーションで言われたものなのかを当てるゲームです。よく観察して4択の中から考えてみましょう。

2. ゲームを行う

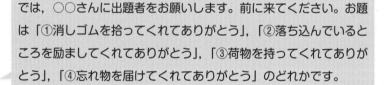

では，○○さんに出題者をお願いします。前に来てください。お題は「①消しゴムを拾ってくれてありがとう」，「②落ち込んでいるところを励ましてくれてありがとう」，「③荷物を持ってくれてありがとう」，「④忘れ物を届けてくれてありがとう」のどれかです。

えー，難しいなぁ…。
よし，やってみます。
「ありがとう！」

うわ～，何番だろう。どれもあり得るなぁ。

 それでは，正解発表です。○○さん，お願いします。

 正解は…④番でした！

 ①か④で悩んだんだけど，④だったかー！

 ○○さんは，どんなところを工夫して出題したの？

 ④は，予期していなかったことへの「ありがとう」なので，驚きの気持ちを込めてみました。

＼ プラスα ／

慣れてきたら，「ありがとう」以外の言葉でも楽しくゲームを行うことができます。

だれともダブらず限界に挑戦しよう！

最大数当てゲーム

 時間　10分　 準備物　●紙　●ペン

　自分以外の人が何を選ぶのかを推測するゲームを通して，相手を観察したり推測したりする力を育む。

1.ルールを理解する

今から「最大数当てゲーム」をします。
1から100の中で最も大きな数を紙に書いた人が勝ちという，とてもシンプルなルールのゲームです。

小数でもいいですか？

いいえ，整数だけにしてください。

それだとみんなが100を書けば勝ちになってしまいませんか？

そうですね。もう1つルールがあります。
それは，他の人が書いた数字とダブってはいけないということです。
だれともダブらずに一番大きな数を書いた人が勝ちになります。

2. 準備をする

 今から1分間で、数を考えて紙に書きましょう。
書き終わったら人に見えないように紙を伏せてください。

3. ゲームを行う

 みなさん数字を考えて書けましたか？
では、ゲームを始めていきます。
呼ばれた数を書いた人は手をあげてください。
いきなり出てしまうのでしょうか…、まず、100を書いた人？

 はい！（手が3人あがる）

 おっと、手が3人あがったので惜しくもアウトですね。
3人は手を下げてください。次に行きますね。99を書いた人！

はい！（手が1人あがる）

 1人だけ手があがりました！　紙を見せてもらいましょうか。
確かに99と書かれていますね。今回は、99が最大数でした。
○○さんが優勝です。拍手をしましょう！

＼ プラスα ／

何回か行うときは、優勝した数を省くというルールをつくるとよいでしょう。

マスクの下はどんな表情？

どんな顔？ゲーム

 時間 10分　 **準備物** ●マスク

ねらい

　口元を隠して表情をつくるゲームを通して，楽しく相手の顔を予想しながら交流を深める。

1 . ルールを理解する

グループに分かれて「どんな顔？ゲーム」をします。出題者は，お題が書かれたカードを他の人に見えないように引いて，そのカードに書かれたお題に合う顔をしてください。ただし，口元はマスクで隠します。

2 . 練習をする

では，最初にカードに書かれているお題を確認します。お題カードは全部で5枚あります。「上の歯を出す」「下の歯を出す」「舌を出す」「ペコちゃん」「タコの口」です。出題者は，グループのメンバーにどの顔かバレないように顔をつくってください。他のメンバーは，協力してどの顔か当ててね。

口元が見えないと，当てるのが難しそう…。

3. ゲームを行う

 では本番です。
出題者はバレないように，回答者は協力して
当てられるようにがんばりましょう。
出題者は交代しながらやっていきましょう。
だれが上手にできるかな？

 どの顔をしているでしょう？

 ペコちゃんみたいだね。

 タコの口じゃない？

 せーの，タコの口！

 正解です！

 やったあ！　次は私がやりたい！

 みんなすごく盛り上がったね！

観察力・推理力を働かせる

＼ ポイント ／

お題の顔をつくるのが難しい場合にはカードの引き直しをして，でき
そうな顔でチャレンジするように伝えます。

質問して自分の正体を当てよう！
私はな～んだ？

時間	10分	準備物	●ペン ●ガムテープ

ねらい

　自分の正体を知るためにいろいろな質問をするゲームを通して，推理力を育む。

1.ルールを理解する

今から，「私はな～んだ？」をします。3人組になってください。その中で，回答者を1人決めてください。お題を言います。そのお題に合う言葉をガムテープに書いて，回答者に見えないように背中に貼ってください。回答者は，自分の正体を推測するために，ペアやグループの人に質問します。

2.ゲームを行う

お題は「動物」です。動物の名前をガムテープに書いて，回答者の背中に貼ってください。
回答者は，たくさん質問して自分の正体を突き止めましょう。

私はどのくらいの大きさですか？

とても大きいです。大人の人よりも大きいよ。

 私は何色ですか？

 模様が少しあるけど，黄色です。

 （わかったかもしれない…）私は首が長いですか？

 はい，長いです。

 わかった！ 私の正体はキリンだ！

3. お題を変えて行う

 では，次は「果物」のお題でやってみましょう。

＼ プラスα ／

慣れてきたらタイムを計り，当てる速さを競っても盛り上がります。

頭を使って見つけ出そう！

エイリアンゲーム

時間	15分

 準備物

●紙
●ペン

 ねらい

お題と文字数から答えを予想するゲームを通して，グループで相談しながら推理力を働かせる楽しさを味わう。

1 . ルールを理解する

今から「エイリアンゲーム」をします。グループで1人，エイリアンをつくる工場長を決めてください。工場長は，お題とそれに合う答えを1つ決め，その文字数（ひらがな）をグループの人に教えてください。グループのみんなは，答えを予想して，1文字ずつ工場長に尋ねてください。ただし，間違えた回数だけエイリアンがつくられていきます。4回間違えてしまうとエイリアンの完成です。エイリアンが完成しないように，正解を当てましょう。

2 . ゲームを行う

では，実際にやってみましょう。5人グループになって1人工場長を決めてください。工場長になった人は，お題と答えの文字数を紙に書いて，グループのみんなに示してください。

お題は果物で，3文字かー。たくさんあるなぁ…。

では，「ん」はありますか？

「ん」はないよ。

しまったー。でも，「りんご」「みかん」が違うことはわかった。

あと2回しか間違えられないから慎重に…。

決まりました。では，「す」はありますか？

「す」はあります！

やった！ 答えは「すいか」じゃない？
では，「い」はありますか？

「い」はないよ。

えっ!? しまった！ あ～，あと1回でエイリアンできちゃう！

もしかしたら，「すもも」じゃないかな…？

\ ポイント /

お題や答えの設定が難しいときは，教師から工場長に伝えるようにします。また，間違えてよい回数で難易度が調整できます。

オノマトペを手がかりに考えよう！
擬音ヒントクイズ

| 時間 | 5分 | 準備物 | なし |

ねらい

擬音をヒントに答えを当てるクイズを通して，推理力を働かせ，頭の体操をする。

1. ルールを理解する

 今から「擬音当てゲーム」をします。先生が擬音（オノマトペ）を3つ言うので，何を示しているのか当ててください。

2. 練習を行う

 では，実際にやってみましょう。
1つ目は…「モコモコ」，2つ目は…「ふわふわ」。
この時点でわかった人はいるかな？

 わかった！

 最後までやってみましょう。
3つ目は…「メーメー」です。
これでわかったかな？

うまくいくコツ
擬音を言う前に，少し溜めると盛り上がる。

羊！

 正解は…「羊」です！

3. ゲームを行う

 では，ここからが本番です。がんばって正解しましょう。
1つ目は…「プシュー」です。2つ目は…「シュワシュワ」。
わかった人もいるかな？

 わかったー！

 わかった人もいるようだね。
3つ目は…「ゴクゴク」です。わかったかな？

 わかった！

 じゃあ「せーの」で言おうか。せーの！

 コーラ！

 正解！　みんなたくさん想像して頭を使ったね。

＼ プラスα ／

問題自体を生徒に作成させ，授業前や朝の時間にグループや全体で出
題し合うと，よい頭の体操になり，生徒同士の会話も増えます。

キラーはだれ？
ウインク殺人事件

時間 10分

準備物 ●トランプ

 ねらい

ウインクして倒すキラーを見つける活動を通して，観察力や推理力を働かせる。

1. ルールを理解する

今から「ウインク殺人事件」をやります。キラー役の2人は，制限時間内にウインクをして，バレないように市民をたくさん倒します。探偵役の3人は市民と同じように歩き，キラーがだれなのか探します。回答は1人2回までです。その他は市民役で，時間内は自由に歩き回ります。キラーにウインクされたら3歩歩いてから「やられたー！」と言い，倒れてください。倒された市民は天国エリアで応援しましょう。時間内にすべてのキラーを当てたら市民・探偵チームの勝ち，当てられなかったらキラーの勝ちです。

2. 役決めをする

まずは役を決めます。トランプでジョーカーを引いた人はキラー，エースを引いた人は探偵役，その他は市民です。自分の役はだれにも言ってはいけませんよ。では，順番に引いてください。

探偵役の人は挙手してください。

 はい。

 では、この3人が探偵なので、キラーは探偵にバレないように市民にたくさんウインクしましょう。

 …やられたー！

 だれだ!?　○○さんが怪しいな…。

うまくいくコツ
市民はみんなの顔を
見ながら歩く。

 キラーは○○さんですか？

 そうです。バレちゃった！　悔しいけどドキドキして楽しかった！

 みんな相手の表情をよく見て、楽しく遊べましたね。

やられたー！

＼ ポイント ／

　市民をたくさん倒させることが大事なので、教師はキラーがたくさんウインクするよう声かけをします。

観察力・推理力を働かせる

頭をフル回転して見つけよう！

長い言葉ゲーム

時間	10分	準備物	なし

ねらい

　ゲームを通して，長い言葉を考えることで楽しく言葉を習得することができる。

1.ルールを理解する

今から「長い言葉ゲーム」をします。先生がお題を言うので，そのお題に合う，できるだけ長い言葉を書いてください。一番長い言葉を思いつくことができた人が勝ちです。

2.細かいルールを確認する

では，始める前に細かいルールについて確認します。「っ，ゃ，ゅ，ょ」なども1文字と数えます。また，「丸いサッカーボール」や「サッカーをしました」のような文はNGです。

人の名前はいいですか？

歴史上の人物やアニメ・漫画のキャラクターはOKとしましょう。

3. ゲームを行う

では本番です。
お題は「夏と言えば？」
制限時間は30秒です。ノートに書いてください。

では全員立ってください。先生が1，2，3と数字を言っていくので，自分の文字数が来たら座ってください。最後まで立っていた人が勝ちです。

「じゆうけんきゅう」は8文字。やった，一番だ！

○○さん，すばらしい！
では，続けて第2問です。
お題は「教室にあるもの」。

思っていたより見つからない…。

電子黒板は何文字だ…？

いいものに目をつけたね！

＼ プラスα ／

　お題を教科で学んだことなどと関連づけると，既習事項の復習にもなります。

思考力・記憶力を働かせる

質問で突き止めよう！
20の問い

時間　10分　　準備物　なし

ねらい

　相手の思い浮かべているものについて適切な質問を考え，答えを導き出す活動を通して，質問する力や思考力を育む。

1. ルールを理解する

今から「20の問い」をします。先生が思い浮かべたものについて，みんなは20個の質問をして先生が何を思い浮かべているのか当ててね。先生は，「はい」「いいえ」「わかりません」の３つしか答えられません。

2. 手本を見る

先生がお手本を見せたいと思います。手伝ってくれる人？

はい，やりたいです！

それでは質問してみてくれる？

はい。それは何色ですか？

これだと,「はい」「いいえ」「わかりません」の3つから答えられないよね。そこに注意して質問を考えてみよう!

3. ゲームを行う

質問する人は手をあげてね。今回ははじめてだからヒントをあげるね。ヒントは「学校で先生がよく使うもの」です。始めます。

それは教室にありますか?

はい。

それは緑ですか?

はい。

うーん。緑のものなら黒板かな? でも,黒板消しも緑だね。

もう1個質問してみよう! それは字を消す道具ですか?

いいえ。

じゃあ,答えは黒板!

\ ポイント /

生徒の実態に応じてヒントを設定すると考えやすくなります。

記憶力とリズム感を試そう！

リズムゲーム

時間	15分	準備物	なし

ねらい

仲間が言う言葉をしっかり聞いてリズムよくつないでいくゲームを通して，楽しみながら記憶力を働かせる。

1. ルールを理解する

 今から「リズムゲーム」をします。お題に合わせて思いつく単語を言っていきます。前の人が言った言葉を覚えておいて，順番が回ってきたら一番最後につけ足していきましょう。

2. 練習を行う

 では，実際にやってみましょう。お題は「フルーツ」です。4人グループで，思いつくフルーツをあげていきましょう。

 りんご！

 りんご，ぶどう！

 りんご，ぶどう，いちご！

> **うまくいくコツ**
> 最初は全員がついていけるようにゆっくりしたスピードで行うようにする。

3.だんだん速くしていく

では，リズムを少し速くしてみます。
もう一度，「フルーツ」のお題で，テンポを少し上げます。

あ〜，ついていけない！
2人目が何て言ったか忘れちゃった…。

4.様々なジャンルで行う

次は，「色」でやってみましょう。

思ったより覚えておくの難しいな…。

黒、青、赤、ピンク
紫、オレンジ…

\ ポイント /

　手をたたきながらリズムを取るようにします。覚えておくのが苦手な
生徒は，まわりからヒントを出してもよいことにします。

より多くの単語を記憶しよう！

記憶力バトル

| ⏱ 時間 | 15分 | 📝 準備物 | なし |

ねらい

あげられた単語を覚え，順に復唱していくゲームを通して，楽しみながら記憶力を働かせる。

1. ルールを理解する

今から3人グループで「記憶力バトル」をします。1人ずつ好きな単語を言っていきます。次の人はそれまでに出た単語をすべて復唱してから，自分の好きな単語を1つ追加します。こうやって，1つずつ増えていく単語を順番通りに記憶します。忘れてしまったり順番を間違えてしまったりしたら脱落です。最後まで生き残った人が優勝です！

2. 手本を見る

では，先生と○○さんで試しにやってみます。国語！

国語，サッカー！

国語，サッカー，カメラ！　こんな感じでつなげていきます。

3. ゲームを行う

では，グループでやってみましょう！　じゃんけんで勝った人から時計回りでいきます。よーい，スタート！

いちご！

いちご，晴れ！

いちご，晴れ，ごま！

いちご，晴れ，ごま，トマト！

いちご，晴れ，ごま，トマト，布団！

いちご，晴れ，ごま，トマト，あれ…，次何だったっけ？　思い出せない…。

全部のグループが終わったようですね。グループ内で最後まで生き残ったのはだれでしたか？　このゲームは，人数が多いとより難しくなります。いつでもできるあそびなので，ぜひ頭の体操として友だちとやってみてください。

\　プラスα　/

　使える単語のジャンルを指定してやるのもよいでしょう。（果物縛り，英単語縛り，など）

全滅する前に犯人を突き止めよう！
犯人探しゲーム

 時間 10分　 **準備物** なし

犯人がだれか探したり，犯人をカモフラージュしたりするゲームを通して，集中力を養う。

1.ルールを理解する

今から「犯人探しゲーム」をします。まず探偵を1人決めます。次に，探偵にバレないように犯人と協力者を1人ずつ決めます。探偵を真ん中に入れ，円をつくります。犯人は，探偵にバレないように他の人を撃っていきます。協力者は撃つふりをして探偵を惑わせます。犯人に撃たれた人は「やられた〜」と言ってその場に座ります。犯人がだれか突き止めたら探偵の勝ち，犯人と協力者を間違えたり，探偵に気づかれる前に犯人が全員を撃ったら犯人の勝ちです。

2.練習を行う

では6人組でやってみましょう。探偵は○○さんだね。○○さんにバレないように犯人と協力者を決めましょう。

では，円になってゲームを始めます。

うわぁ，やられた〜！

あっ，犯人がわかったぞ！　犯人は△△さんです。

残念！　△△さんは協力者で，犯人は私だよ。

犯人を当てることができませんでしたね。今回は犯人の勝ちです。

3. 人数を増やして本番を行う

あっ，犯人は□□さんだ。

見つかってしまった！　その通り！

やられた〜！

＼　ポイント　／

　ゲームを行う前に「やられた〜」と思い切り言えるように練習すると，
よりゲームが盛り上がります。

聞き上手が勝つ秘訣？
後出しじゃんけんレベルＭＡＸ

 時間 | 10分

 準備物 | なし

ねらい

指示が複雑で，難易度の高い後出しじゃんけんを通して，集中力を高め，学びに向かう姿勢を整える。

1. ルールを理解する

授業の前にちょっとしたゲームをしましょうか。名づけて「後出しじゃんけんレベルＭＡＸ」です。先生の指示に合わせて，先生が手をたたいたタイミングで後出しをしてください。先生の言うことをしっかりと聞いてくださいね。では，始めます。

2. ゲームを行う

最初はグー，じゃーんけん，負けて！　パン！（手を叩く音）

わぁー，間違えて勝っちゃった！

先生は今パーを出して「負けて」と言いました。
グーを出した人以外は座ってください。

うわ〜，悔しい！

 では，２回戦です。
最初はグー，負けて！　パン！

 わっ，なんだこれ！　あいこになっちゃった！

 ふふふ，フェイントです！
レベルＭＡＸだから，こういうこともあるよ。

 くーっ，悔しい！

 今度は一気にペースを上げるよー！

＼ プラスα ／
体全体を使った後出しじゃんけんも盛り上がります。

神経を研ぎ澄まそう！
ＮＧ音で指キャッチ

時間 5分

準備物 なし

ねらい

朗読を聞きながら特定のワードに反応するゲームを通して，楽しい雰囲気の中で集中力を高める。

1. ルールを理解する

今から，「ＮＧ音で指キャッチ」をします。まず，生活班で円をつくりましょう。右手の親指と人差し指で輪をつくり，左手は人差し指だけ立ててください。人差し指は隣の人の輪の中に入れます。

2. ゲームを行う

今から先生が文章を読みます。今回のＮＧ音は「きゅ」です。「きゅ」が文の中に出てきたら，右手で他の人の指をつかみ，左手はつかまれないように逃げましょう。では，始めます。

去年の夏の暑い日のことでした。高桑町のおじいさんは農作業をしていました。のどが渇いたおじいさんは，畑に生えているある野菜が目に入りました。
（間を置いて）キャベツだ！　季節外れの野菜が生えていました。

びっくりした！　「きゃ」かー。

 「きゅ」うりじゃないのね…。

 急に大きな声を出したため，近くにいたおばあさんが…

 つかまえた！

 しまったー，油断してた〜。

＼　ポイント　／

　ＮＧ音を拗音や促音で設定すると盛り上がりやすいでしょう。また，読むときにタメをつくると，引っかかりやすくなります。

あなたの体内時計は正確？
1分経ったらこんにちは

時間 5分

準備物
- ICT端末
- ストップウォッチ

ねらい

1人1台端末の授業の前に1分間を計るアイスブレイクを通して，集中力を高め，授業に向かう一体感をつくる。

1. ルールを理解する

今から，「1分経ったらこんにちは」というアイスブレイクを行います。今，みなさんの端末の画面は「ON」になっていますね。この後「よーい，スタート！」の合図で，画面をいったん「OFF」にしてください。そして，心の中で1分を数え，ちょうど1分経ったと思ったときに，画面を再び「ON」にしてください。
うまくいくと，一斉にみんなの顔が見えます。全員が笑顔で登場できるといいですね。

2. 練習を1回行う

では，実際にやってみます。
よーい，スタート！

うまくいくコツ
マイクと画面の操作を事前に練習しておく。

どうかな…？　画面ONと…，あー，早過ぎた！

3 . 本番を行う

だいたい時間の感覚がつかめたと思うので，
これから本番を行います！
では，いきますよ。よーい，スタート！

やったぁ，ほぼそろったんじゃない？

もう1回だけやりたい！

4 . 時間を30秒に短縮して再チャレンジする

では最後に，時間を短くして30秒にチャレンジしてみましょう。よ
ーい，スタート！

やった，今度は完璧！

きれいにそろったね！

では，授業に入ります。
今みたいに，みんなで息を合わせて，
よい授業をつくっていきましょうね。

```
＼ ポイント ／
あくまで授業のアイスブレイクなので，テンポよく進め，スムーズに
授業に入ることが大切です。
```

チームの色で埋め尽くそう！

めくれめくれゲーム

 時間 **10分**　　 準備物 　●表裏の色が異なるカード

ねらい

お題を聞き瞬時に自分自身が当てはまるか判断するゲームを通して，集中力を高める。

1.ルールを理解する

今から「めくれめくれゲーム」をします。2チームに分かれて行います。○チームのチームカラーは赤色，△チームのチームカラーは青色です。ここに裏表が赤と青のカードが数十枚あります。自分のチームの色が表になるようにカードをめくり，最後に表になっている色が多かったチームの勝利です。

カードをめくれるのは，先生が伝えるお題に当てはまる人だけです。例えば，今日の朝食でパンを食べた人は手をあげてください。

はい！

手をあげた人はお題に当てはまる人なので，カードをめくれます。お題を伝えた後「よーい，スタート」と言うので，カードをめくりに行ってください。「ストップ」と言われたらすぐに元の場所に戻ってください。ストップの後にカードをめくるのは反則です。

2. ゲームを行う

 それではゲームを始めます。
下の名前が「い」から始まる人！ よーい，スタート！

 （お題に当てはまった何人かがカードをめくりに行く）

 ストップ！ 元の位置に戻ってください。では，次のお題です。

3. ルールを変えて行う

 では，カードの色を4色に増やして，4チーム対抗戦にします。
今度は，他のチームの色のカードをめくっても，自分のチームの色
のカードであるとは限りません。

＼ プラスα ／

お題は両チームの該当者に極端な差が生じないものにします。

音を聞き分けよう！
単語聞き取りゲーム

時間	10分	準備物	なし

ねらい

　同時に言われる言葉を聞き分けるゲームを通して，集中力を高め，聞く姿勢をつくる。

1.ルールを理解する

 今から「単語聞き取りゲーム」をします。4人前に出てきてもらい，それぞれ別の単語を同時に言ってもらいます。何て言っているのかみんなで聞き取りましょう。

2.練習を行う

 では，実際にやってみましょう。よく聞いてくださいね。

 ねこ！　　 うま！

いぬ！　　とり！

 「うま」って聞き取れたよ。

> うまくいくコツ
> 最初は簡単な単語にして慣れさせる。

3. 本番を行う

 では，本番です。グループで話し合ってもよいので，
何回で全部聞き取れるか，挑戦しましょう。

 難しいなぁ…。

 今度は6人前に出てきてください。今までより単語が増えますよ。

 1つも聞き取れなかった〜。何かわかった？

 うーん。難しいな。もう1回聞こう。

 1人に注目していくと聞き取りやすいですよ。

ねこ！　うま！　いぬ！　とり！

＼ プラスα ／

発言者が横並びに一列になり言葉を発するのを背中で受け止めて口の
動きがわからないようにすると当てにくくなります。また，単語ではな
くて，短い一文にすると，さらに難しくなります。

思わず声を出したくなる？

ジェスチャーしりとり

時間	15分	準備物	なし

ねらい

　自分の表現したいことを体で表すゲームを通して，表現力を養ったり，グループや学級の団結力を高めたりする。

1.ジェスチャーの練習をする

今から「ジェスチャーしりとり」をします。まずは簡単なジェスチャーゲームをしましょう。4人1組になり，お題を出す人とジェスチャーをする人，答える人（2人）に分かれましょう。
制限時間は1分です。
よーい，スタート！！

（顔の横で手をグーにして動かすのを見て）犬！

正解！　どんどんいくよ。

時間です。
思うように表現したり答えられたりしましたか？

2. ルールを理解する

 では「ジェスチャーしりとり」のルールを説明します。前の人のジェスチャーを見て当てはまる言葉を考え，しりとりで次の人にジェスチャーで伝えます。1周（4人）回った時点で答え合わせをします。グループで円になりましょう。

3. ゲームを行う

 （泳いでいる動きをする＝水泳）

 （聴診器を当てる動きをする＝医者）

 1周回ったので，自分が何の動きをしたか発表していきましょう。

水泳…？
プール…？

＼ ポイント ／

1グループの人数が増えれば増えるほど難易度が上がります。

日本語力を試そう！

言い換えチャレンジ

時間	10分	準備物	なし

ねらい

　身の回りにある様々なものを自分なりの言葉で言い換えるゲームを通して，表現力を豊かにする。

1 . ルールを理解する

> 今から「外来語言い換えチャレンジ」をします。まずは5人グループになってください。出席番号が一番前の人が最初の代表です。先生が代表にお題を伝えるので，代表はカタカナを使わずにお題を言い換えてください。他のメンバーがお題を見事に当てることができたら，代表は次の人に交代です。一番速く順番が回ったグループが優勝です。

2 . ゲームを行う

> では，代表の人は集まってください。（紙に書いたお題を見せる）

> 洋風卵かけごはん！

> チャーハン？

天津飯とか？

 オムライスじゃない？

 ピンポン！

 正解したグループの次の代表の人は，
先生のところへお題を聞きに来てください。

 バウムクーヘンかぁ。難しいな…。
では…，穴あき丸焼き菓子！

 ドーナツ！

 惜しい！

 わかった，バームクーヘン！

\ プラスα /

その他の出題例

・UFO キャッチャー	・パソコン	・インターネット
・カステラ	・ピザ	・パイ
・ボランティア	・バレーボール	・バスケットボール

　実際に日本語訳が存在する言葉の場合には，ゲームの後にそれを紹介するようにします。

みんなで気持ちをそろえよう！
野菜にな～れ

時間	10分	準備物	なし

ねらい

お題に合う野菜を体で表現するゲームを通して，はずかしがらずに表現する楽しさを味わう。

1. ルールを理解する

今から「野菜にな～れ」をします。先生がお題を見せるのでみなさんは，少し考えてから，合図の後にその野菜を体で表現してください。グループの中で全員が同じ野菜を表現していたらクリアです。相談したりしゃべったりしてはいけません。4人グループになってください。

2. 練習を行う

では，練習。お題は「赤い野菜」です。いいですか？　せーの！

トマト！（体でトマトを表現）

パプリカ！（体でパプリカを表現）
あ～，そっちか！

3. 本番を行う

では，ここからが本番です。
お題は「土の中の野菜」です。せーの！

ごぼう！（体でごぼうを表現）

なかなかそろわないなぁ…。

やった，私たちはそろった！

グループのみんなで気持ちをそろえることはできましたか？
それでは，今日もがんばりましょう！

＼ ポイント ／
お題は意見が割れがちで，体で表現しやすいものを準備しておきます。

禁句を避けてうまく説明しよう！
タブーワードゲーム

 時間 10分　 **準備物** なし

ねらい

　お題の単語を他の言葉で説明する活動を通して，言い換える力を高め，表現の幅を広げる。

1.ルールを理解する

 今から「タブーワードゲーム」をします。ジェスチャーゲームの声を出していいバージョンです。お題の単語を直接言わず，説明だけでお題を当てさせることを目指してください。

2.ゲームを行う

 では，実際にやってみます。だれか1人，前に出てきてください。（お題を見せる。以下はお題が「ヒーロー」の場合）

 それは，人を助けます。映画やアニメでよく見られます。

 お医者さんですか？

 違います。それは，特殊能力をもっていることが多いです。

わかった！ 「ヒーロー」でしょ？

3. ルールを変えて取り組む

 では，お題を難しくします。さらに，文章で説明するのは禁止にします。単語を並べて説明をしてみましょう。
（以下は，お題が「ドミノ」の場合）

倒れる。多量。連続。大変。きれい。

えー，なんだろう…？

模様。芸術。カタカタカタ。緊張。興奮。

わかった，お題は「ドミノ」だ！

 どうでしたか？
みんなわかりやすく伝えようと知恵を絞って表現していて，よかったと思います。
笑顔もたくさん見られてよかったです。

＼ プラスα ／

　チーム戦で行い，一番多くのお題を答えられたチームが勝ちというゲーム性をもたせることもできます。

　また，お題やルールの設定を工夫し，英語の学習で用いることもできます。

だれよりも早く答えられるかな？

一問一答消しゴムキャッチ

 時間 **10分**　 準備物　 ●消しゴム

ねらい

　一問一答形式のクイズを出し合う活動を通して，授業前に頭と体をリフレッシュする。

1.ルールを理解する

今から「一問一答消しゴムキャッチ」をします。4人1組のグループで行います。出題者は誕生日が早い人から，1問ずつ交代しましょう。残りの3人は，問題の答えがわかったら，真ん中に置いた消しゴムをキャッチしてください。それで解答権を得ることができます。間違ったらお手つきで1回休みです。

2.練習を行う

では，最初の2問は練習のため，先生が問題を出します。真ん中に消しゴムを置きましょう。よーい，スタート！

奈良時代後半に都を移した天皇は…

キャッチ！　桓武天皇だ！

3. 生徒が出題者になる

うまくいくコツ
事前に各自で問題を
つくっておく。

 では本番です。
今から3分間です。よーい，スタート！

 電流の単位は…

 キャッチ！　アンペアだ！

 残念，お手つき！　続きを読むよ。
アンペアですが，電圧の単位は何でしょう？

 キャッチ！　ボルト！　　　ピンポーン！

電流の
単位は？

\ ポイント /

前時の振り返りとしてクイズをつくっておくと，復習としてクイズを
活用することができます。

頭と体をリラックスさせる

177

聞いて，追いかけて，仲間を増やそう！

ねことねずみ

 時間 **10分**

 準備物 なし

ねらい

「ねこ」なのか「ねずみ」なのかしっかり聞いて動く鬼ごっこを通して，頭と体を活性化する。

1.ルールを理解する

今から「ねことねずみのゲーム」をします。ねこチームとねずみチームに分かれます。ねこチームは帽子を赤，ねずみチームは白にします。それぞれのチームは線上に並んで向かい合います。先生が「ねこ」と言ったらねずみチームは逃げて，ねこチームが追いかけます。反対に，「ねずみ」と言ったらねこチームは逃げて，ねずみチームが追いかけます。後ろに引いてある線が自分のチームのセーフゾーンです。その線より前で相手チームにタッチされたら，帽子の色を変えて，相手チームの仲間になります。それを繰り返して，最後に人数が多く残っているチームの勝ちです。

2.ゲームを行う

では，実際にやってみましょう。
ね，ね，ね，ねこ！

ねこにつかまったー。ねこチームになったよ！

3. ルールを変えて行う

 今度は，先生が「ねこ」と言ったら，ねずみチームが追いかけてねこチームが逃げます。さっきとは逆なので，間違えないようにしましょう。ね，ね，ね，ねずみ！

 わー，今度は追いかける側と逃げる側，どっちなんだっけ…？

 どっちのチームが多いかな，みんなで数えてみましょう。みんな，しっかり先生の声を聞いて，追いかけることができていて，すてきでした！　たくさん汗をかいたので，しっかり水分補給しましょう。

＼ プラスα ／

「ね，ね，ね，ねぎ！」などひっかけを交えると盛り上がります。

頭と体を使って挑戦しよう！

命令に「忠実・真逆」ゲーム

 時間　5分　　 準備物　なし

ねらい

先生の号令に対して，同じことや逆のことを行うゲームを通して，頭と体をリラックスさせる。

1. ルールを理解する

今から，「命令に『忠実・真逆』ゲーム」をします。

例えば「忠実」の指示の場合，先生が「み・ぎ（右）」と言ったら，みなさんも「み・ぎ」と言って，右へジャンプ移動します。

「真逆」の指示の場合，先生が「み・ぎ（右）」と言ったら，反対の「ひ・だ・り（左）」と言って。左へジャンプ移動します。

移動は「右・左・前・後」があります。間違えた人はその場に座っていき，3分間間違えなかった人の勝ちです。

2. 練習を行う

では，実際にやってみましょう。
命令に「忠実」！　み・ぎ（右）

み・ぎ（右）

命令に「忠実」！ ひ・だ・り（左）

ひ・だ・り（左）
「忠実」は，先生の号令と同じことをすればいいから簡単だ。

3. 本番を行う

では，本番です。
命令に「真逆」！ み・ぎ（右）

み・ぎ（右）…あっ，間違えた！
「真逆」だから左だ。これは難しいぞ！

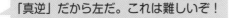

命令に「真逆」！ ま・え（前）

う・し・ろ（後ろ）
できた！ 頭と体をフル活用いないといけないね。

頭と体をしっかり使って，リラックスできましたね。
では，今日もがんばりましょう！

＼ ポイント ／

　命令は最初はゆっくり出し，慣れてきたら徐々にスピードアップしましょう。「忠実」で調子が出てきたタイミングで「真逆」に切り替えると盛り上がります。

頭と手を働かせ，気持ちをリフレッシュしよう！

ドカン！

 時間 5分　　 **準備物** なし

ねらい

合言葉を聞き，両手で違う動きをする活動を通して，気持ちを切り替え，リフレッシュする。

1.ルールを理解する

 今から「ドカン！」をします。左手で輪っかをつくります。右隣の人の輪っかの中に右手の人差し指を入れ，左隣の人の人差し指を自分の左手の輪っかの中に入れてください。先生が「ドカン！」と言います。みなさんは「ドカン！」と聞こえたら右手は素早く引っこ抜き，左手は素早く握り隣の人の指をつかまえてください。

2.1回練習を行う

 では，実際にやってみましょう。…ドカン！
素早く右手の指を引っこ抜き，左手で隣の人の指をつかまえることができましたか？

 逃げられたー！　　　 つかまっちゃった…。

3. ひっかけ言葉を入れる

では，本番です。「ドカン！」と聞こえたら，
逃げ，つかまえてください。ド……ボン！

あっ，ひっかかった〜。

4. 右手と左手を入れ替える

今度は右手と左手を入れ替えてやってみましょう。

さっきより難しい！

みんなたくさん頭と手を働かせましたね。

＼ プラスα ／

　クラス全員で大きな円になってやってみると，ダイナミックで迫力の
ある活動になります。

リズムに乗って鬼から逃げよう！
9マス鬼ごっこ

時間	15分	準備物	●ケンケンパリング

ねらい

　身体でリズムを感じながらジャンプし続けることを通して，耳，身体，脳を活性化させる。

1.ルールを理解する

> 今から「9マス鬼ごっこ」をします。マスが9個あります。2人1組になり，じゃんけんをしましょう。負けた人が鬼になります。みなさんは，「トントントン，ジャンプ」のように，3拍聞いて4拍目に自分が今いるマスの隣のマスに移動します。縦・横・斜めどこでも構いません。鬼と同じマスに入らないよう逃げ続けてください。もし，鬼と同じマスに入ってしまったらアウトです。鬼と逃げる役を交代してください。

2.練習を行う

> では，実際に1回やってみましょう。
> トントントン，ジャンプ！　移動できたかな？

> 1マス動いたよ！

では，どんどん行きます。
トントントン，ジャンプ！

 セーフ！　危なかった…。

 トントントン，ジャンプ！

 あー，一緒のマスになってしまったー。

3. 本番を行う

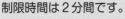

 では，ここからが本番です。
制限時間は2分間です。
鬼と同じマスに入らないようがんばりましょう。
よーい，スタート！

 難しい！

 うまく逃げるコツをつかんだ！

 みんな頭も体もすっきりしましたね。
では，今日も一日がんばりましょう！

＼ ポイント ／

教師が跳ぶタイミングを合図してあげることがポイントです。

頭を使って鬼から逃げよう！
16マス鬼ごっこ

 時間　15分　 準備物　●ケンケンパリング

ねらい

　どのマスに進むのがよいのか考えながら逃げる鬼ごっこを通して，頭と体をリラックスさせる。

1.ルールを理解する

今から「16マス鬼ごっこ」をします。先生が逃げる役をやるので，鬼役をやってくれる人，2人出てきてください。笛が吹かれたら，逃げる人も鬼も，16マスの中で2マス動きます。動けるのは前後左右のどこかで，斜めには動けません。鬼と同じマスに入ってしまったらアウトです。

2.練習を行う

では，4人グループでやってみましょう。合図は3回するので，逃げる人は鬼につかまらないように考えて動いてください。

右に動いてみた！

どっちに進むのがいいのかな…。

3. 合図をする回数を増やす

 では，ここからが本番です。合図を何回かするので，つかまえられるように，また，つかまえられないようにがんばりましょう！

 なかなかつかまえられない…。

 なんとか逃げ切れそうだ！

4. マスを増やして行う

 マスが増えた！　わー，思ってたより難しい！

 みんな頭と体をいっぱい動かすことができましたね！

＼ プラスα ／

　生徒の実態によっては，合図をする回数を制限したりすることも有効です。

国語辞典を活用して熟語を見つけよう！

班対抗・熟語しりとり

 時間 **15分**

 準備物 ●国語辞典

ねらい

熟語でしりとりをするために国語辞典を活用することを通して，新たな言葉に出合い，言語感覚や語彙を豊かにする。

1. ルールを理解する

国語班（4名程度）で「班対抗・熟語しりとり」をします。同じ班の仲間と協力して，「先生」「生徒」のように同じ漢字を使った熟語でつなぎ，リーダーが紙にメモをしましょう。6分間で最も多くの熟語をつないだ班が勝ちです。今回は，二字以上の漢字が結びついて1つの言葉となったものを熟語とします。ですから，ひらがなは使わず，漢字でつないでくださいね。国語辞典を使って，熟語を調べても構いません。時間が来たら，リーダーはつないだ熟語の数を教えてください。また，「はじめて出合ったこんな熟語があるよ」と紹介できるとよいですね。

2. 練習を兼ねて全体で5つ程度熟語をつなげる

では，はじめは「学校」です。
1班から順につないでいきましょう。

辞書を使わなくてもわかる。「校舎」です。

 「舎」から始まる熟語は難しいから，辞書で調べよう。

3. 本番を行う

 では，この続きを，班ごとに6分間行います。
よーい，スタート！

 3班は四字熟語もつくっているね。5班は10個を超えたんだね。

 四字熟語もおもしろそう！　調べてみよう。

4. 振り返りを行う

 熟語はいくつつながりましたか？　発表してください。

 僕たちの班は20個つながりました。はじめて出合った熟語は
「快哉」で，意味は，胸がすくような思いをすることです。

 へー，はじめて聞いた。

＼ プラスα ／

学習内容に合わせて内容を工夫することができます。

【複合語の学習後】2字→3字→4字→5字と文字数を増やしていく。

【短歌や俳句の導入時】5音の言葉のみでつなぐ。

食品紹介№1を決めよう！

班対抗・おいしさ選手権

時間 **15分**

準備物
- 食品の写真
- 国語辞典
- 封筒

食品のおいしさが伝わるように紹介文を考える活動を通して，語感を磨き，語意を豊かにする。

1.ルールを理解する

（いちごのショートケーキの写真を見せながら）みずみずしいいちごがふんだんに使われたケーキです。しっとりしたスポンジにまろやかなクリームといちごをサンドして…。

というわけで，今日は国語班（４名程度）で「班対抗・おいしさ選手権」を行います。お題の食品について，先生がしたように紹介をしてください。私たちは，視覚，聴覚，嗅覚，味覚，触覚の五感から情報を得ています。だからこそ，五感に訴える表現を目指しましょう。国語辞典を使っても構いません。

班で５分間原稿をつくり，代表者１名が発表をしてください。一番おいしそうに伝えられた班が優勝です。

2.原稿をつくる

（封筒の中にそれぞれ異なる食品の写真を入れて配付する）

視覚だったら，色や大きさについて伝えたらいいんじゃないかな。

 聴覚の表現もおもしろいよ。サクサクとか，シャクシャクとか。

3.班ごとに発表する

 それでは，発表してください。

 （アップルパイの写真を見せながら）香ばしいバターの香りがする
パイ生地はサクサクしており，中にはとろっと焼けたりんごがたっ
ぷり入っています。…

おいしそう！　よく伝わるね。

4.投票して優勝班を決定する

 では，一番おいしさが伝わってきた班に挙手で投票しましょう。

 おいしさ選手権，優勝班は，○班！
言葉の力ってすごいですね。目の前にないものでも，言葉の組み合
わせでおいしさが伝わるのですね。先生は○班の「柔らかな香り」
という表現がすてきだと思いました。

> ＼ プラスα ／
> 風景をテーマとして「美しい」を使わないで表現するよう指定するな
> ど，テーマやルールを様々に変更することができます。

教科の学習を楽しむ（国語）

一番適した言葉はどれかな？
一番うれしい言葉ランキング

⏱ **時間** 15分　　✎ **準備物** なし

ねらい

類語の語感を比べる活動を通して，相手や場に応じて語を選ぶために類語があることを知る。

1.「とても」の類語を見つける

今朝，教室に入ったらみんなのあいさつが元気で，こんな気持ちになりました。（「先生は ⬚⬚⬚⬚ うれしかった」と板書）
⬚⬚⬚⬚ には，何が入ると思いますか？

「とても」「すごく」。「大変」もあるし，「めちゃくちゃ」もある。

なるほど。「とても」「すごく」や「大変」「めちゃくちゃ」って言葉もあるね。他にも「非常に」って言葉もありますね。

2.ランキングを検討する

それでは，「とても」「すごく」「大変」「めちゃくちゃ」「非常に」の5つを，うれしい気持ちが素直に伝わる順に国語班でランキングしてみてください。理由もよく考えてね。時間は5分です。

3. ランキングを発表する

では，発表してください。

1班は，一番伝わるのが「めちゃくちゃ」だと思います。理由は，普段使っている言葉なので，感情を込めやすいからです。次に…。

うちの班と似てる！

4. 各班のランキングを比較する

日常的に会話の中で使う単語の方が，素直にうれしさが伝わるようですね。逆に「非常に」は堅い感じがするのですね。では，こんなにたくさん同じ意味の言葉がなくても，「めちゃくちゃ」だけでいいのではないですか？

友だちにはいいけれど，大人になったら困ると思う。

同じ意味でも，相手や場に応じて言葉を選ぶことができるように，たくさんの言葉ができたのですね。実は，「非常に」はマイナスな場面で使うことが多いのですよ。「非常に残念」のようにね。敬語を使うような場面では「大変」がよいですね。

> ＼ ポイント ／
> 敬語の学習の導入時に行うことで，相手や場に応じて適切な言葉を選ぶ大切さを伝えることができます。

みんなで力を合わせよう！
漢字集めゲーム（読み編）

 時間 **15分**　 準備物　●紙
●ペン

 ねらい

　お題の読みに合う漢字をできるだけ多く集める活動を通して，漢字に親しんだり漢字の共通点を見つけたりする。

1. ルールを理解する

 今からみなさんの漢字力が試される「漢字集めゲーム」をします。ルールは簡単です。グループごとで時間内にお題に合う漢字をできるだけたくさん書きます。より多く書けているチームが勝ちになります。間違いがあれば，1点減点です。

 グループ全員が一気に漢字を書いてもよいのですか？

 グループごとに紙とペンを1セットずつ配るので，代表者が書いたり，書く人を交代したりして協力しましょう。

2. 練習を行う

 制限時間は1分で，お題は「しん」と読む漢字です。
では，スタート！

えっと…，あたらしいの「新」，しんじつの「真」，他には…。

 時間です。では1班から前に来て紙をみんなに見せてください。

 1班は，「新」「真」「信」「親」「心」「芯」「深」「神」「辛」「身」の10個を書くことができました。

 では，本番は制限時間を3分にしましょう。

3. 本番を行う

 本番は制限時間3分です。お題は「い」と読む漢字です。

 いみの「意」，いばしょの「居」，いせの「伊」。

 他にもたくさんあるけど，意外と思い浮かばない…。

 では，時間です。さっきより書くことはできましたか？1班ずつ出てきてもらいましょう。

 結果が出そろいました。今回の優勝班は6班で30個です。同じ読みの漢字をたくさん見つけられましたね。

\ ポイント /

なるべく多様な漢字があがるように，多くの漢字がある読みを選ぶようにします。

みんなで力を合わせよう！
漢字集めゲーム（部首編）

時間	15分	準備物	●紙 ●ペン

ねらい

お題の部首に合う漢字をできるだけ多く集める活動を通して，漢字に親しんだり漢字の共通点を見つけたりする。

1. ルールを理解する

今から，「漢字集めゲーム」の部首バージョンをやります。先生が漢字の部首を見せるので，その部首が使われている漢字を時間内にたくさん書き出しましょう。時間は3分です。

2. ゲームを行う

では，実際にやってみましょう。
まずはこの部首が使われる漢字を書き出してみましょう。
（「やまいだれ」を提示する）よーい，スタート！

なかなか思いつかない…。

なんとか5個書けた！

もっとたくさんあるんだろうけど，知らない漢字が多いんだね。

 では，次の部首は「おいかんむり」です！
さぁ，何個出てくるかな？　よーい，スタート！

 小学校で習った漢字からまず書き出してみよう！

 これも難しい…。思ったよりも少ないなあ。

 「耆」，これ「たしなむ」って読むんだ！

 みんな何個の漢字を書けたかな？
グループごとに確認します。

 1班は2個だけでした。これは難しかったなぁ…。

 難しい部首が続いてちょっと自信をなくしてしまったかな？
では，次のお題は「さんずい」です。
これはたくさんありますよね？　グループで協力して，
1つでも多く見つけてください。
よーい，スタート！

\ ポイント /

あえて最初に難しい部首を扱い，後半で生徒が知っている漢字がたくさんある部首を選ぶと，グループの活動が盛り上がります。

教室で世界旅行をしよう！
Google Earthで世界遺産発見

 時間 　15分

 準備物
● ICT 端末
● 世界遺産一覧表

　地図アプリで世界遺産を探す活動を通して，世界の自然や文化に対する興味・関心を高める。

1.ルールを理解する

> 今から，Google Earth を使って世界遺産を探してもらいます。2人1組になり，1人は出題者，もう1人は解答者になります。出題者は，世界遺産一覧表から3つの世界遺産を指定してください。解答者は Google Earth で探し，写真を撮って保存しましょう。

2.練習を行う

> では，みんなで一度練習してみましょう。
> マチュピチュ遺跡を探してください。

> 名前は聞いたことあるな。

> えーっと…，ネットで調べよう。
> そうかペルーだ。あった！

> **うまくいくコツ**
> ヒントは与えず，インターネットで情報収集させる。

3. 本番を行う

では，ここからが本番です。制限時間は6分ずつです。
3つの世界遺産を2人で出題し合ってくださいね。

ヴァルカモニカの岩絵群，万里の長城，ガラパゴス諸島！

ヴァルカモニカの岩絵群ははじめて聞いたな。
まずはネットで調べてみよう。
…イタリアだ。
あったあった！
あとの2つは聞いたことがある。

写真を撮って，これでOK！

万里の長城は…

＼ ポイント ／

最低でも1つは，耳にしたことがない世界遺産を出題するようにアド
バイスします。

値動きを予想して株を購入しよう！

あなたもデイトレーダー

時間 **15分**

準備物
● ICT 端末
● 新聞記事（株式欄）

　簡易的な株式売買を紙面上で行うことを通して，株の仕組みや市場経済の動きに関心をもたせる。

1.ルールを理解する

　今から，株式の売買ゲームを行います。これから1枚の新聞記事（株式欄）を配付します。この多くの銘柄の中から，1社だけ選んで株を購入します。手持ち金は100万円です。次に，1か月後の新聞記事を配付します。その損得の額を競いましょう。

2.株を購入する会社を決める

　では，実際にやってみましょう。最初の新聞記事です。
　どの会社の株を購入するか決めましょう。

　僕は，このA社にしよう！　有名だから。

　私は将来性のありそうなB社にする！

3 . 株の値動きを確かめ, 損得を計算する

では, 1か月後の新聞記事を配付します。
さて, 株価は上がっていますか? それとも下がっていますか?
計算してみましょう。

あ〜, 1株で500円も下がっている。
15万円の損失だ!

私は上がってる! 38万円も増えちゃった。

4 . 数社の株を購入してみる

今度は, 複数の会社の株を購入して競います。

やっぱり, 会社の将来性を考えないといけないな。

その会社のことを知ることが大切なんだな。
ネットでこの会社を調べてみよう。

今日は, 少しだけ株のデイトレーダーの気分を
味わってもらいました。

＼ ポイント ／

事前に株式欄の見方や計算の仕方などを指導しておきます。

じっと眺めれば親近感が湧いてくる！
歴史人物スケッチ

 時間 20分　 **準備物**　● ICT 端末

歴史上の人物の肖像画や写真をスケッチする活動を通して，偉人を身近に感じる。

1. ルールを理解する

今から，歴史上の人物をスケッチしてもらいます。隣の人とペアになり，一方の人がお題となる歴史上の人物を指定します。もう片方の人は，その人の肖像画や写真を見てスケッチをします。制限時間がありますから，特徴を捉えて素早くかきましょう。

2. 練習を行う

では，一度全員でやってみましょう。
お題は聖徳太子で，制限時間は３分です。

これは簡単！　すぐにかけそう。

何度も見たことがあるけど，
意外と難しいな…。

> **うまくいくコツ**
> 絵のうまさは気にせず，素早くかくことを意識させる。

3. 本番を行う

では，ここからが本番です。資料集などから，あまりなじみがない人物を探して出題してください。スケッチする人は，インターネットで肖像画や写真を探してください。制限時間は7分ずつです。

お題は牧野富太郎です。

えー，だれそれっ？

あった！ 有名な植物学者なんだ。

この人，どんなことした人なんだろう。調べてみよう。

絵をかいたら，歴史上の人物に愛着が湧いてきたんじゃないかな。

牧野富太郎

＼ ポイント ／

様々な歴史上の人物に親しみをもつことが目的なので，絵の巧拙にこだわらないように伝えます。

数から思い浮かぶことをどんどん言おう！

数発想ゲーム

| 時間 | 10分 | 準備物 | なし |

ねらい

　数から思い浮かぶことをどんどん言うゲームを通して，数の感覚を豊かにする。

1. ルールを理解する

 今から「数発想ゲーム」をします。先生が数を黒板に書きますから，その数から思い浮かんだことをどんどん言ってください。学校生活ばかりではなく，日常生活場面でもいいです。

2. 練習を行う

 では，実際にやってみましょう。
数字は「8」です。（板書する）

 タコの足の本数。

 妹の歳。

 昨日の給食で食べたコロッケの数！

3. 本番を行う

では，ここからが本番です。列ごとにタイムを計るよ。
まず，この列の人から。
数は「6」です。よーい，ドン！

セリーグとパリーグの球団数！

お父さんが起きる時刻！

バレーボールの1チームの人数！

なるほどー。この列のタイムは12秒です。
では，次の列。数字は「100」です。

親が期待するテストの点数！

弟の1週間のお小づかい！

発想がどんどん広がっていますね。

＼ ポイント ／

　列ごとに時間を競い合わせると盛り上がります。また，生徒に数を提示させてもおもしろくなります。

写真の中に見える数字をどんどん言おう！

数字見つけゲーム

時間 **5分**

準備物 ●街中などの写真

ねらい

　写真の中に見える数字をどんどん見つけるゲームを通して，世の中には数学があふれていることを実感する。

1. ルールを理解する

この写真を見てください。
（交差点を多くの人が歩いている写真を提示する）
この写真を注意深く観察すると，数字がいっぱい見えてきます。
隠れているものもあります。

浮かんだ数字をどんどん言ってみましょう。

2. 練習を行う

では，実際にやってみましょう。

15。青信号で交差点を渡っている人の数です。

とてもいいですね。
こんなふうに発想をどんどん広げて写真を見てください。

8。赤信号で止まっている車の台数です。

3.本番を行う

 では，ここからが本番です。
みんなが「おもしろい！」と言いそうなものをあげてください。

 35。一番高いビルの階数です！

 すごい！　よく数えたね。

 0.24。横断歩道の人口密度です！

 隠れている数字を見つけ出しましたね！
どうやって計算したの？

 横断歩道を渡っている人が18人います。
横断歩道は，5m×15mぐらいです。
だから18÷75＝0.24（人／m²）です。

 私は横断歩道を渡ってる人数しか着目していなかった。
すごい！

\ ポイント /

写真の中の同じ場所からも，いろいろな数字が見えてくることに気づかせることがポイントです。

写真の中に見える図形をどんどん言おう！

図形見つけゲーム

時間 | 5分

準備物 | ●ビル群などの写真

ねらい

写真の中に見える図形をどんどん見つけるゲームを通して，世の中には数学があふれていることを実感する。

1. ルールを理解する

この写真を見てください。
（高層ビルが立ち並んでいる写真を提示する）
多くのビルが立ち並んでいますね。この写真の中には，図形がいっぱい見えてきます。隠れているものもあります。
見つけた図形をどんどん言ってみましょう。

2. 練習を行う

では，実際にやってみましょう。

ほとんどのビルが直方体だ。

このビルとこのビルは平行に建っている。

そうそう，様々な図形が見えてきますよね。

3. 本番を行う

 では，ここからが本番です。電子黒板に写真を示しました。
前に出て来て，「ここに図形があります」と指で示してください。

 このビルの上の方は，四角錐になっている。

 ビルの上にエアポートがあるので，円が見えます。

 このビルと電線の位置関係は垂直だと思います。

 このビルは横から見ると台形になっています。

 モノレールのルートは直線と曲線でできています。

 この建物は立方体の上に直方体を乗せています。

 １枚の写真からいろいろな図形が見えてきますね。
複数の形の組み合わせや，位置関係に気づくことができている人も
いました。

＼ ポイント ／

単純な形だけでなく，形の組み合わせや位置関係などにも着目させる
ようにします。

鏡で浮かび上がらせよう！
隠された名前

 時間 **10分**　　 準備物　●鏡
●プリント

 ねらい

　プリントに書かれた記号から，鏡を使って名前を見つける活動を通して，反射に対する関心を高める。

1.ルールを理解する

 このプリントには，ある名前が隠されています。名前を見つけるために，みんなにはアイテムを配ります。それは，鏡です。隠された名前を試行錯誤しながら見つけてみてください。

2.ゲームに取り組む

 では，名前を見つけてみましょう。
（「門」「田」「く」「に」「こ」の文字がそれぞれ半分だけ書かれたプリントを配る）

 なんだこれ？

 暗号みたい…。

これって，漢字やひらがなの一部じゃない？

 いいところに目をつけましたね！
鏡の特性である反射がヒントだよ。

 あっ，鏡で反射させると文字が浮かび上がる！
これは「門」だ！

 わかりました！ 「門田くにこ」です。

3. 問題をつくる

 では，今度はみんなが問題をつくります。名前だけでなく何でもいいですよ。できたら近くの人と問題を出し合ってみましょう。

\ ポイント /

問題づくりの際は，学級の実態に応じて，対称図形になっている漢字やひらがなの一覧を配付します。

化学の基礎を暗記しよう！
元素記号早当てクイズ

 時間　15分　　 準備物　●元素記号一覧

ねらい

化学分野の学びの最初に元素記号のクイズを行うことを通して，化学の基礎である元素記号（2年生学習範囲）をしっかり覚える。

1. 元素記号を確認する

中学2年で学習する元素記号は，みんなの身近な物体に関わるものです。そして2年生で主に使用する数は十数個です。まずはその元素記号を確認しましょう。

2. 練習を行う

では，元素記号と物質名を基に，互いに早当てクイズをしてみましょう。最初に10個当てた方が勝ちです。方法は，相手に元素記号か物質名を伝え，答えるだけです。例えば，「水素」と言ったら，「H」と答えると正解になります。

鉄！

Ca！　あっ，間違えた，Feだった。

> うまくいくコツ
> 間違えてもよいので，繰り返し何度も行う。

最初はゆっくりでいいですよ。
正解したら，お互いにほめまくりましょう！

 硫黄！　　　 S！

 正解！　いいね〜。

 ありがとう！
次はこちらから，H！

 水素！

3 . 本番を行う

 では，ここからが本番です。
交互に出題して，先に10個当てた方が勝ちです。
よーい，スタート！

 マグネシウム！　　 Mg！

 正解！

＼ ポイント ／

　最初はゆっくりでよいので，正解を積み重ねることが大切です。化学分野の最初で元素記号を暗記できれば，後の学びが楽しくなります。

いろいろな音を体感しよう！

この音聞こえる？

| 時間 | 10分 | 準備物 | ●周波数別の音が出せるアプリ |

ねらい

8,000Hz から17,000Hz の音を段階的に聞き取る活動を通して，音のおもしろさを体感する。

1. ルールを理解する

 今から，8,000Hz の音を流します。目を閉じてください。
そして，聞こえたら手をあげてください。ピー（音）

 （全員が手をあげる）

 全員聞こえましたね。では，音をどんどん高くしていきます。
それぞれ聞こえたら手をあげてください。

2. 周波数別に音を聞く

 次は9,000Hz の音を流します。目を閉じてください。
聞こえたら手をあげてくださいね。ピー（音）

 （全員が手をあげる）

では，これはどうかな？　耳を全集中させてくださいね。
（15,000Hz の音を流す）ピー（音）

 （3分の1の手があがらない）

 え〜っ，聞こえません。先生，もう一度流してください。

 わかりました。もう一度流しますね。ピー（音）

 あっ，聞こえた！

 では，最後にこの音です。
（17,000Hz の音を流す）ピー（音）

 あれ？　まったく聞こえない。

 私は聞こえたよ！

 聞こえる人と聞こえない人がいますね。これは「モスキート音」と
いって，蚊の音と同じくらい高音なんだよ。

 そうなんだ。音っておもしろいな。そして，耳ってすごいな。

\ ポイント /

生徒だけでなく，大人である先生にも参加してもらうと，生徒は聞こ
えるのに先生は聞こえない音があり，おもしろさが増します。

教科の学習を楽しむ（理科）

次の単語を言ってみよう！

Next word当てクイズ

| 時間 | 10分 | 準備物 | ●教科書 |

ねらい

　音読される教科書本文の続きの単語を当てる活動を通して，英語の語順をクイズ感覚で理解する。

1 . ルールを理解する

教科書の○ページ（既習の本文）を開きましょう。先生の後に続けて，本文を２回リピートします。本文を頭の中にインプットするようにしっかり音読しましょう。

（教師の後に続いて全員で２回リピートする）

では，教科書を閉じましょう。

これからペアで，１人が教科書を見て，本文を途中まで読みます。

本文のどこで止めても構いません。

もう１人のペアは，止まったところの次の単語を言いましょう。

先に３回当てた方の勝ちです。

勝敗がついたら，ペアを変えてやってみましょう。

まずは，横のペア，次に縦のペア，最後は斜めのペアです。

2.ペアで活動に取り組む

（教科書を音読していく）Hello. I'm Ken. I like tennis very much. I play tennis on

（教科書は見ずに音読を集中して聞き，音読が止まった次の単語を答える）Saturday！

That's right！

My turn.
（教科書を音読していく）Hello. I'm Ken. I like tennis very much. I play tennis on Saturday. I am good

え～と…, I am good …なんだったかな。
Tennis！　わかった，tennis でしょ？

残念！　I am good at tennis. "at" でした！

3.振り返りを行う

3人全員に勝てたという人はいますか？　〇〇さん，Good job!

＼ プラスα ／

　生徒が慣れてきたら，同じやり方で，違うページや長い本文のページを取り組ませて難易度を上げます。

チームでつなごう！

アルファベット・リレー

 時間 **10分**

 準備物 なし

ねらい

チームで協力しながら指定されたアルファベットで始まる英単語をつなぐ活動を通して，既習の英語についての知識を確かめ合う。

1.ルールを理解する

今から，先生が1つアルファベットを言います。みなさんには，そのアルファベットから始まる英単語を黒板に書いてもらいます。黒板に向かってチームごとで一列に並んでください。書いたらチョークを次の人に渡してください。チョークがバトン代わりです。制限時間は4分間です。パスは1人2回までです。

2.ゲームを行う

では，実際にやってみましょう。最初のお題はrです。
rから始まる単語をたくさん書きましょう。よーい，スタート！

rか，難しいなぁ…。

1つ思いついた！

> **うまくいくコツ**
> 難しそうであれば，ゲームを始める前に考える時間をつくる。

3. 振り返りを行う

では，みんなで書けた数を数えていきましょう。
スペルを間違えていたらポイントになりませんよ。
では，1班から見ていきましょう。rice の意味は何ですか？

「米」って意味だよね！

そうですね。スペルも合っています。意味もわかっていて合格です
ね。チームの仲間同士で教え合って取り組めていたところもすてき
でしたね。

＼ プラスα ／

「re から始まる単語」などさらに限定したり，品詞を指定したりする
と，難易度が上がり，さらに盛り上がります。

チームで協力しよう！
英語de推測ゲーム

時間	10分

準備物
●お題の書かれたカード
●タイマー

ねらい

　グループで協力して英語で伝え合う活動を通して，グループの仲を深めるとともに，英語の表現力を高める。

1. ルールを理解する

> 今から「英語de推測ゲーム」をします。まず1チーム5人に分かれて，最初の回答者を決め，回答する順番も決めましょう。
> 決まったら，最初の回答者は前に出てきましょう。最初の回答者以外の人はお題カードを1枚引いて，回答者にこのお題のヒントを英語のみで伝えましょう。英語で答えを言うこと，日本語，ジェスチャーは禁止です。
> 正解したら次の回答者に交代し，時間内に何個のお題を答えられたかで勝負します。

2. 実際にやってみる

> 準備はできましたか？　まずは3分間でやってみましょう。回答者の人は前に来て，他の人はお題カードを1枚引きましょう。
> Are you ready？　Let's start!

It lives in the sea. It has eight legs.

I can eat it! It is red or brown.

OK, is it octopus?

That's right! It's your turn!

時間です！　何個正解できましたか？

Aチーム，５問正解しました！

3. 振り返りを行う

英語だけで説明するのは難しかったけど楽しかった！

単語を知らないとうまく説明できないから，これからもっとたくさん覚えたい！

様々な表現を学んで相手に伝えられるようにしていきたいですね。

＼ ポイント ／

　時間があれば，１，２問全体で練習してからゲームに移るとスムーズにできます。お題は既習の動物や食べ物など身の回りのものにすると答えやすいでしょう。

【執筆者一覧】

玉置　　崇（岐阜聖徳学園大学）
　　　岐阜聖徳学園大学・玉置ゼミ
　　　　荒木　歩華／安藤　里奈／石上　夕貴／澤本　太河／柴山　輝大
　　　　新谷　莉彩／寺尾祐里奈／長谷川理桜／前野　佐歩／村松　　咲
　　　　安田　愛梨／由原　希音

山田　貞二（岐阜聖徳学園大学）
　　　岐阜聖徳学園大学・山田ゼミ
　　　　青柳　壮佑／市瀬佳奈実／市橋さくら／川瀬　優菜／小林　　眞
　　　　高本　涼平／永田　莉子／林　すみれ

福地　淳宏（岐阜聖徳学園大学）
　　　岐阜聖徳学園大学・福地ゼミ
　　　　荒島　彩乃／池田　　暖／池山　瑞希／伊藤　真白／重信　瑞穂
　　　　新保はる香／馬場　翔大／前谷　太葵／宮﨑　仁輝

金古　由美（岐阜県瑞穂市立穂積中学校）
藤永　啓吾（山口県教育委員会）
井嶋　　潤（岐阜教育事務所）

【編著者紹介】

玉置　崇（たまおき　たかし）
岐阜聖徳学園大学教授

山田　貞二（やまだ　ていじ）
岐阜聖徳学園大学准教授

福地　淳宏（ふくち　あつひろ）
岐阜聖徳学園大学准教授

3年間まるっとおまかせ！
中学校　学級レク大事典

2024年3月初版第1刷刊　©編著者　玉　置　　　崇
　　　　　　　　　発行者　藤　原　光　政
　　　　　　　　　発行所　明治図書出版株式会社
　　　　　　　　　　　　　http://www.meijitosho.co.jp
　　　　　　　　　　　　　（企画）矢口郁雄（校正）大内奈々子
　　　　　　　　　〒114-0023　　東京都北区滝野川7-46-1
　　　　　　　　　振替00160-5-151318　電話03(5907)6701
　　　　　　　　　　　　　ご注文窓口　電話03(5907)6668
＊検印省略　　　　　　　組版所 広 研 印 刷 株 式 会 社

本書の無断コピーは，著作権・出版権にふれます。ご注意ください。

Printed in Japan　　　　　　ISBN978-4-18-331126-9
もれなくクーポンがもらえる！読者アンケートはこちらから

一年間ずっと使える
学級経営のバイブル

中学校
学級レク
大事典

セット買いが
おすすめ！

中学3年の
学級づくり
365日の
アイデア事典

玉置崇
山田貞二
福地淳宏
編著

中学2年の
学級づくり
365日の
アイデア事典

玉置崇
山田貞二
福地淳宏
編著

中学1年の
学級づくり
365日の

玉置崇
山田貞二
福地淳宏
編著

玉置崇・山田貞二・福地淳宏
［編著］

新年度準備、黒板メッセージから、学級組織づくり、各種行事、進路学習、卒業式まで
中学3年の学級経営をフルカバー。学級活動の具体例や生徒に話す教室トークなど、すぐ
に役立つコンテンツ満載です。購入特典として、通知表所見文例データベースを提供。

各 176 ページ／A5 判／定価 2,200 円(10%税込)／図書番号：2541，2542，2543

明治図書　携帯・スマートフォンからは **明治図書 ONLINE へ** 書籍の検索、注文ができます。▶▶▶

http://www.meijitosho.co.jp　＊4桁の図書番号で、HP、携帯での検索・注文が簡単に行えます。

〒114−0023　東京都北区滝野川 7−46−1　ご注文窓口　TEL 03−5907−6668　FAX 050−3156−2790